感谢北京明远教育书院提供学术支持

种子课，
给『种子』以生长的力量

种子课3.0

——对话深度学习

俞正强
郭华
著

教育科学出版社
·北京·

出 版 人　郑豪杰
责任编辑　郑　莉
版式设计　完沅书装　孙欢欢
责任校对　张晓雯
责任印制　叶小峰

图书在版编目（CIP）数据

种子课3.0：对话深度学习／俞正强，郭华著．—北京：教育科学出版社，2022.6（2022.7重印）
ISBN 978-7-5191-3038-1

Ⅰ.①种…　Ⅱ.①俞…　②郭…　Ⅲ.①小学数学课—教学研究　Ⅳ.①G623.502

中国版本图书馆CIP数据核字（2022）第051113号

种子课3.0——对话深度学习
ZHONGZIKE 3.0——DUIHUA SHENDU XUEXI

出版发行	教育科学出版社		
社　址	北京·朝阳区安慧北里安园甲9号	邮　编	100101
总编室电话	010-64981290	编辑部电话	010-64981357
出版部电话	010-64989487	市场部电话	010-64989009
传　真	010-64891796	网　址	http://www.esph.com.cn
经　销	各地新华书店		
制　作	北京金奥都图文制作中心		
印　刷	中煤(北京)印务有限公司		
开　本	720毫米×1020毫米　1/16	版　次	2022年6月第1版
印　张	17.5	印　次	2022年7月第3次印刷
字　数	200千	定　价	59.00元

深到极处即是浅。谨以此书献给所有以上课为乐，

并愿将每一节课作为礼物呈现给孩子们的老师！

当前，提高教育质量，办好人民满意的教育，是大众的呼声。特别是“双减”政策出台以后，对学校的要求提高了。不让校外培训机构开设学科类培训班，学校老师就应该把学科课程教好，要上好每一节课，教好每一个学生。老师在课堂上让每一个学生听懂学会，学生课后的作业负担就可以减少，就可以参加自己感兴趣的有益活动，素质教育才能够真正落实。

怎样的课才是一节好课？我的理解有以下几点。

一是要以学生为主体，能启发每一个学生积极地参与到学习中。我把教学说成“对话”，师生的对话、同伴的对话、同课本中的人和事对话。对话就要积极主动参与。合作学习、小组讨论就是一种对话的形式。传统的谈话法是老师提出问题让学生回答，但老师提的问题并非学生自己的问题，并不能启发学生的思维。

二是要把课本中的基本概念讲清楚，不是讲道例题以后就让学生去做题。我曾听过一节讲三角形面积的数学课，老师让学生在黑板上画图，有的画了正方形，有的画了长方形，然后用对角线分开，说明底乘高再除以 2 等于三角形面积。但有一个学生画了一个菱形，老师就不知所措了，最后说了一句：“只有等边三角形才能画成菱形。”这说明这位老师本身就没有掌握三角形面积的基本概念，当然也就没有讲清楚，误导了学生。

三是要能发展学生的思维。孔子曰，“学而不思则罔”。教学过程的本质就是促进学生的思维发展。今天我们讲“深度学习”，其含义就是要思考，要让学生动脑筋。我说，教学是对话。对话就要动脑筋，发现问题、提出问题，才能形成对话。

俞正强老师的种子课就具备了上述三个要素。你若看到了他上课的情景、学生活动的程度，就会知道每个学生都被他调动了起来。老师的问题步步深入，学生的思维步步跟进，达到师生融为一体。

俞正强是小学数学老师，他不是按照课本讲一道例题，然后让学生做练习题，学生掌握了解题的方法，老师就算完成了教学任务；而是掌握了数学教学中最基本的概念，即他称为的“种子课”，把它讲深教透。我理解他的“种子课”有两层含义：一是小学数学中的重点难点，如整数、分数、小数、代数、点、线、面等基本概念，这就是数学的种子，这些概念演进都需要学生思维的转变，不是仅做题就能达到的。二是把这些种子课讲深教透，成为小学数学课的范例，起到示范作用，使种子成长为大树。正如俞正强老师说的：“同样是数学课，同一个数学知识，我们一定要告诉老师们，或者一定要上给老师们看，那样上便是应试教育，这样上便是素质教育。同时，一定要分析给老师们听，为什么这样上，学生就是理解；为什么那样上，学生就是记忆。理解了，就不用做很多题目；如果不理解，就要做很多题目，保证不忘记。”

俞正强老师还觉得，除了有让学生会解数学题、考出好成绩的显性知识外，还有一种隐性知识，这种知识是无法用言语来表达的，或者用言语来表达但孩子们无法明白的，这就需要用活动来让他们体验。因此，备课时需要研究体验活动的设计、序的展开。

《种子课 3.0——对话深度学习》是俞正强老师和来自大学的对课程教学有深入研究的郭华教授进行的基于课堂教学的对话。

俞正强老师负责上课给老师们看。以某个知识为例，这个知识的显性知识有哪些？学生已经会了什么？学生不会的如何通过讲解示范，让学生掌握？对应的隐性知识，即体验的活动设计用何种材料，按怎样的序展开？俞老师用教学设计的说明、现场教学视频（详见“U 盘版”所附U盘)、文字课堂实录展示出来。

郭华教授则是拿着一张“CT片”，从解剖学的角度，分析给老师们看：这样上课的依据是什么？为什么这样上课会有好的效果？这些效果分别指向于知识的接受，还是思维的展开，抑或是心灵的感悟？为什么这样做便是达成了深度学习？

本书之所以被称为“种子课3.0”，是因为它是俞正强和郭华对种子课进一步更深入的研讨。这样的对话一共有十组，基于十个小学数学的课例，希望能通过“举一”让老师们“返三”，从而让更多的老师也能做到。

深度学习，指的是学生的学习，学生通过学习不仅能获得知识，而且能发展思维，学会学习，体验数学在生活中的价值，逐步形成科学的价值观。种子课是一种范例。教学的方式方法是多样的，但教学育人的本质是不变的。希望本书能启发老师们在教学中守正创新，创造出新的经验。

2021年10月

目录

叁 种子课达成深度学习需把握的四个关系

如何认识种子课

这些年来，“种子课”渐渐地为一线教师所接受，但是，老师们在了解、践行种子课的过程中，也会有许多问题。比如，很多老师会问：哪节课是种子课？怎么判断某节课是不是种子课？怎样才能把种子课真正上好？对这些问题，我都是以举例的方式进行说明的。比如，像这样的课是种子课。这个课，像这么上是种子课；如果不这么上，就可能不是种子课了。

一、为什么学生会抄错数字
——如何判断种子课

有一次我们学校一位教二年级的老师问我：“为什么我们班里有个学生老是抄错数字？”

我把这个学生的本子往前翻、往后翻，发现他真的很容易把数字抄错，比如他会把879抄成897。

原因何在？他为什么老是抄错？

我们肯定很少思考这个问题。我们发现他抄错时，通常会怪他不认真，习惯不好。然后，学生就觉得要很认真、很认真地抄写，结果还是抄错了。所以我当时就对这位老师说：“你的这个学生老是抄错数字，你很急躁，是不是？”她说：“是的。”我说：“这是因为你有一节课没有上好。如果那节课上好的话，这个学生的问题可能不会这么严重。”她问：“哪节课啊？”我说：“二年级有一节课，你记得不？有的教材是‘认识千’，有的教材是‘百千数的认识’，有的教材是‘认识三位数’。不同的教材对这节课有不同的叫法，但都是指这节课。这节课如果上好的话，像抄错这一类的问题，是会大大减少的。”这位老师又继续问我：“如果我这节课没上好，那应该全班学生都会抄错数字呀，怎么就他抄错，其他学生没有抄错呢?”

老师们，你们觉得她这么问有没有道理?

我们继续聊。我们把这个抄错的学生称为 A 生，把抄对的学生称为 B 生。我对这位老师说：“我建议你哪天到 A 和 B 两个学生家做一次家访，并且最好就在 A 和 B 两家分别吃一顿饭（这里吃饭问题无关廉洁）。你会发现，B 生家吃饭时每个人的位置是比较固定的，A 生家吃饭时每个人的位置可能是比较随意的。这就是他们两个人的家庭。在座位比较固定的家庭里面，孩子就会对座位比较敏感；在座位比较随意的家庭里面，他对座位就不敏感。”

也就是当只有一张桌子、一把椅子的时候，随便谁都可以坐。当一把椅子和另一把椅子放在一起的时候，小朋友就开始产生了对位置的感觉，可能会想该坐在哪里。但 A 生不会去想，他认为：一把椅子我随便坐，两把椅子我也会随便坐。而 B 生就会考虑一下：该坐哪把椅子呢？B 生就有了“位感”，而 A 生就缺乏“位感”。

A 生把 879 抄成 897，与数感有关。数感分为数字感和数位感。透过 879 和 897，我们可以发现这个学生的数字感没问题，但他的数位感发生了错位。这说明这个学生对数位感是不敏感的。而 B 生对数字感很敏感，对数位感也很敏感。这就是两个人的差别。数字感与数位感是在哪里培养的呢？数字感在对 20 以内数的认识中就开始培养了。数位感的真正培养就是从对百千数的认识开始的，这节课重点培养学生的数位感。因此，如果把这节课上到位了，学生的数位感就会得到强化。数位感得到强化了，抄错数字的可能性就会大大降低。

接下来把前面说的内容整理一下：把 879 抄成 897 是错的版本，把 879 抄成 879 是对的版本。这两个版本是学生的作业表现。对这个表现，有一节课是可以影响的，这节课就是种子课。这节种子课叫“百千数的认识”，因此这节课就非常重要。这节课如果上得好，就可以让抄错数字这种问题大大减少。

如果在我们的教学当中，这节课没有上好，那么学生的数位感就没有得到强化，这个时候要靠什么？靠他的生活。在生活中，虽然没有专门培养数位感，但是在生活中有位感。位感缺乏或位感显著，就是他在生活中获得的感觉。如果他在生活中获得了一种显著的位感，即使在学校里没有得到老师的培养，他也能够进行迁移。而一个生活中位感缺乏的人，如果没有在学校里使位感得到强化，他就可能抄错数字。

大家发现没有，B 生即使没有遇到好的老师，他也可以是对的；A 生在家里面缺乏了对这种位感的培养，如果老师在课堂上没有教好，这就会成为他缺乏的东西。所以，好老师有什么用？为什么要遇到好老师？因为好老师是有用的，可以通过教学让孩子们在生活中缺乏的东西得到弥补。而在这个故事中的好老师就是要把这节课（“百千数的认识”）上好。如果我们碰不到好老师，或者老师的这节课没上好，那么碰到好父母也是有用的，因为位感会迁移到数位感。

我以前说过，种子课有两种基本方式：一种是把学生的“明白”改造成我们的“明白”；一种是用我们的“明白”改变学生的“空白”。老师们发现没有：位感，是孩子自己的活明白；数位感就是孩子的学明白。B生来学这节课，会显得特别容易，很容易就把他的位感改造成为数位感；A生学这节课会稍微感到有一点难，但是课是能被“灌”进去的，不过这样A生就不会学明白。

二、为什么有的课不能被整合
——种子课的不可或缺

比如说我们要派一个团队去参加排球比赛。一个排球队上场打球的共6个人，这6个人里面，一般会有1个人特别重要。大家会说，这个人必须打全场，他是我们这个团队的定海神针，我们可以称他为“种子选手”。6个人里头有1个人的作用很特殊，如果被替换下则比赛输球的可能性很大。

又比如，今天我们要接待8位访客。但时间有限，我们就要判断：哪位访客要优先接待，要多花一点时间。优先接待的就是今天的“种子访客”。接待其他访客没时间，那我们就一起接待，这就是单元整合。老师们，单元整合是不能乱整合的，“种子访客”不能被整合掉。

再比如，一个月有 30 天，30 天里总有几个日子是很重要的。对母亲来讲，最重要的日子可能是孩子的生日。每个人基于不同的身份，也总会把某几个日子当成重要的日子。那对重要的日子就不能随便过，要给它仪式感。仪式感就是用仪式把这一天的时间变得慢一点，来显得这个日子非常重要。而说它重要就是要告诉大家，这个时间对我们的意义。30 个日子并不是每个日子都这么重要的。如果每个日子都这么重要，那这个人的日子就没法过了。有些日子是可以随便过的，哪怕睡懒觉睡一天都不要紧，但是有的日子如果睡懒觉就糟糕了。

所以，老师们要知道，同样的一个单元有 8 节课，我们作为老师就要能看见哪节课是重要的，哪节课是可以轻轻用力的，哪节课是可以重重用力的，哪节课是在先的，哪节课是在后的，哪节课是影响后面的，哪节课是决定后面的。我们要有一个判断，这就是我们老师对一个单元中每节课的判断。因为对每节课的判断不同，每节课的意义就不同了。《礼记・文学》里有句话叫：知所先后，则近道矣。上课也有一种道，我把这种道叫“课道”。

课道是什么呢？就是给我们一个单元的课，我们要能看出这节课在这个单元中的作用。这 8 节课是不能平均用力的，如果平均用力了，那这 8 节课可能 1 节也上不好。有些课要慢，有些课要快；有些课要重，有些课要轻；有些课要先，有些课要后。如果时间允许，那我们每节课都好好上；如果时间不允许，那就努力把重要的课上好，然后把其他课整合一下。这叫什么？知所先后。

现在经常有人讲单元视角、大单元教学，这些都是对的，它们本质上就是我们对种子课的判断：哪节课是这个单元里面不可或缺的一节课，具有种子力量的一节课。所以，我们的这个判断非常重要。

我们前面已经举了个例子，就是“百千数的认识”。这节课就是计算教学中的一节种子课。为什么呢？因为这节课是要让学生对数位产生敏感性的一节课。那数位还有哪些内容呢？第一，它有位值（位置的价值）；第二，它有位名（位置的名称）。位值的重要性在于：满十进一。与满十进一相对的一句话叫作：退一作十。满十进一和退一作十就是在这里面得到解决的。

三、进退位的计算痛点如何破解
——这样上好种子课

小学阶段学生数学学习产生困难有三个高峰期，或者说是学困生产生的三个高峰期。第一个高峰期就是一二年级，很多学生被难在进位加法和退位减法上。比如，23-6，学生可能会写成：23-6=13。

他是以大减小的：6-3=3。为什么呢？退位有困难，特别是连续的进位和退位。到了三四年级，有了问题解决，很多学生在问题解决上会遇到困难。五六年级则主要是在分数的问题解决上遇到困难。

一二年级的进位和退位就跟“百千数的认识”这节课有关。在对百千数的认识中，为什么进位和退位对学生来说很难呢？我们从学生的角度来看看。比如说计数器，从右到左是个、十、百，个位上放 10 颗珠子，老师就会跟学生说，个位上 10 颗放不下了，就要变成“一”了。这里，老师要替学生想一想，个位上能不能放下 10 颗珠子呀？

能的。就是放 11 颗珠子也没有满，所以从学生的角度来说，什么叫满十？他对这个“满”的感觉是没有的。对十变一和一变十，学生是没有体验的。

我们再来看第二份材料，10 根一捆，那在一捆里面再塞 1 根进去行不行？再极端一点，我从这一捆里拿走 1 根后，它还是不是一捆呀？有没有说，一定是 10 根一捆的？9 根是不是一捆呀？11 根是不是一捆？所以学生关于满十的观念是很难建立的。

因为满十难建立，所以退一作十也很难。因为这个很难，所以就变成了进位很难，退位也很难。比方说 13-7，十位要退一个来，而学生看见的是一个数字，这个数字要对应着脑子里的一种表象。

比如，学生看到洗衣机，他可能会对应上奶奶或妈妈。为什么？因为奶奶和妈妈用洗衣机用得多。看到打火机，他脑子里出来的可能是爸爸或爷爷。为什么？因为爸爸和爷爷经常用打火机。这就是他看见的。看见这些事物，学生脑子里就会对应一种表象。大家发现没有，理解是怎么产生的？理解是外显的事物和内在的事物对应的结果。就是说，看到一个事物，总是会想到另一个事物。所以，退位减法操作的其实是他看得见的事物——他脑子里是有一个“象”在支撑的。这个“象”就是退一，这个一变成十在脑子里要有支撑。如果没有“象”的支撑，学生操作起来就会非常困难。所以这节课非常重要——要帮助学生建立表象。

那“百千数的认识”怎么帮助学生建立满十进一的这个表象？这就是如何把这节课上成种子课的问题。前面我们讲的是如何判断种子课，因为它会很深刻地影响学生的数学学习。接下来这个问题就是怎么把这些种子课上成种子课。

因为这节课的重点是要把满十进一搞清楚，怎么办呢？我们可以制作一套“乒乓”学具——长长的一个筒可以装 10 个乒乓球，装 10 个就满了。“满了”是什么意思？就是装不进去了。一满，10 个一就变成了 1 筒。大家发现没有，从“个”变成“筒”，10 个就是 1 筒，就是满了。10 筒装满 1 盒，就再也放不进去了，再放进去，盖子就盖不上了。1 盒之后是 1 箱。这就是个、十、百、千。1 箱是 1000 个，1 盒是 100 个，1 筒是 10 个。这就是表象。在玩学具的过程中，学生就建立起一而十、十而一的表象。(见下页图)

把“百千数的认识”这节课上好的关键在于选好学具，然后让学生用学具来体验满十进一。“满”的意思就是，再也放不进去了——不像珠子，是可以再拨 1 个上去的；也不像一捆小棒，是可以再插 1 根进去的。也就是，要把“百千数的认识”这节课上好，就要做好学具设计，让学生充分体验。对 23−7，如果有学生不会退位，或者对 15+7 不会进位，我们都会让他去玩学具，玩啊玩啊，十而一、一而十，他脑子里就会呈现出一个“象”。他眼睛里看到的是数字的运算，脑子里是有“象”支撑的。这很重要。

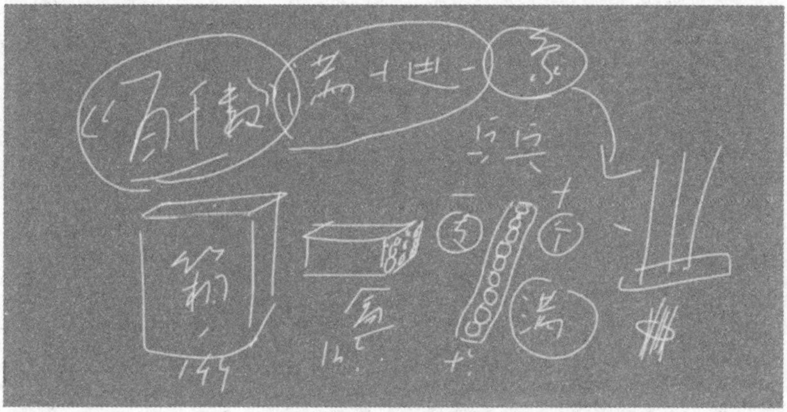

通过这个例子，我不知道是否解释清楚了什么是种子课，如何把种子课上好。我们看到学生抄错题了会很纠结：“哎呀，老是抄错，跟你讲了多少次，你还是抄错。”然后学生会很害怕，老师会很烦。因此，一些错误如果是具有普遍性的，而不是纯个人的，那这个错误一定是跟我们的教学有关系的。教学是因，错误是果。不解决因，在果上纠结，是永远是没有结果的。在我们小学里面，这样的例子是非常多的。希望这本书能够给大家一些启示。

壹 种子课达成深度学习的三个效用

· 从数学认识到数学题目

· 从熟视无睹到惊诧有趣

· 从技巧的“死”到方法的“活”

从数学认识到数学题目

——以“用字母表示数”为例

行为是受认识影响的，认识到位了，行为才会正确。

学生会做题目，是数学学习的一种水平的结果，这个结果受到与这个题目相应的数学认识的支撑。

因此，好的数学学习，是引导学生去学习那些认识，然后支持学生用这些认识去完成对题目的解答。

题目可以千变万化，而认识是基本确定的。

如果舍去了对数学认识的学习，只是专注于题目，那就会陷于对题目类型的追求，刷题是必然的结果。

解开刷题的魔障，从上好课开始。

种子课

如何实现深度学习

知识的深度学习，是一种我们期待的、理想的学习，是相对于知识的皮毛学习而言的。知道深度学习的意义、必要性十分容易，但做到深度学习则是一件不容易的事。而唯有做到，学生才能真正受益，所谓的学习理论的讨论才有意义。

“上好种子课”的研究为深度学习的实现提供了可能。下面，就以“用字母表示数”为例，提供一个实现深度学习的样本。

一、例举：皮毛的学习通常是这样的

“用字母表示数”这节课，是小学里十分经典的一节课，是代数学习的一节起始课，我把它看作种子课。因为它直接影响了问题解决中如何设未知数为 x 的问题，属于知识脉络中处于节点的课。通常教师在课堂上会有这样的上法。

材料：____只青蛙____张嘴____只眼睛____条腿

任务一：谁能用这个框架来说这个顺口溜？

学生完成：1 只青蛙 1 张嘴，2 只眼睛 4 条腿。

2 只青蛙 2 张嘴，4 只眼睛 8 条腿。

3 只青蛙 3 张嘴，6 只眼睛 12 条腿。

任务二：这样说得完吗？数字那么多，谁能一次把全部的数都说完？

学生完成：a 只青蛙 a 张嘴，$2a$ 只眼睛 $4a$ 条腿。

达成认识：a 表示所有数。

结论：用字母表示更简洁。

以上就是本课时的新授环节，大约用时六七分钟，接下来就可以做练习，大约用时三十分钟。

学生通常会出现如下错误。

错误一：a 只青蛙 a 张嘴，a 只眼睛 a 条腿。

错误二：a 只青蛙 b 张嘴，c 只眼睛 d 条腿。

出现这两种错误，教师都会指出来，一般会提出批评，从而强化"a 只青蛙 a 张嘴，$2a$ 只眼睛 $4a$ 条腿"的正确。

二、分析：深度学习深在哪里

用例题讲清知识，用练习纠正错误，是我们数学学习的基本套数。用例题讲清知识，谓之懂；用练习纠正错误，谓之会，这样不是很好吗？

如果这样已经很好了，那么，深度学习的"深"是什么呢？

我们做如下分析。

用字母表示数，从结果而言——

起点是：1 只青蛙 1 张嘴，2 只眼睛 4 条腿。

目标是：a 只青蛙 a 张嘴，$2a$ 只眼睛 $4a$ 条腿。

在目标与起点之间，有两个台阶，分别是——

台阶一：a 只青蛙 a 张嘴，a 只眼睛 a 条腿。

台阶二：a 只青蛙 b 张嘴，c 只眼睛 d 条腿。

如同起点是卵，目标是青蛙，中间经过蝌蚪，那蝌蚪是对的还是错的？蝌蚪是对的。因此，对学生的知识成长而言，"a 只青蛙 a 张嘴，a 只眼睛 a 条腿"是那只成长中的蝌蚪，是对的。

我们看见的是卵、蝌蚪、青蛙，我们思考的应该是：什么支撑了一颗卵成为一只蝌蚪？什么支撑了一只蝌蚪成为一只青蛙？

同样，孩子们做的题目是我们看见的外在行为，那么支撑他们做题目这个外在行为相应的内在理解是什么？这个理解才是我们需要认真思考的。（见下页表）

	理解（懂得，基本知识）	行为（做题目，基本技能）
起点		1 只青蛙 1 张嘴，2 只眼睛 4 条腿
目标一	确定的用数字表示，不确定的用字母表示	a 只青蛙 a 张嘴，a 只眼睛 a 条腿
目标二	同一事件中不同的对象用不同的字母来表示	a 只青蛙 b 张嘴，c 只眼睛 d 条腿
终极目标	当两个对象之间有关系时，其中一个对象用字母式表示	a 只青蛙 a 张嘴，$2a$ 只眼睛 $4a$ 条腿
知识性质	隐性内在	显性外在
学习性质	深度学习	浅表学习（皮毛学习）
种子比喻	种子的胚	种子的芽
学习方式	体验（经历）	记忆（讲解）

三、实践：如何实现深度学习

我们已经分析了内在的理解是如何支撑外在的答题的。而内在的理解是深度学习的深之所在。那么接下来，我们要讨论如何实现内在的深度理解。

理解一：确定的数用数字表示，不确定的数用字母表示

材料：一个信封，一盒粉笔。

问题一：（将信封给学生看）信封里什么也没有，可以用哪个数字表示？答：0。

问题二：（往信封里放一根粉笔）现在信封里的粉笔数可以用数字几表示？答：1。

问题三：（倒空信封，往里面放三根粉笔）现在信封里的粉笔数可以用数字几表示？答：3。

问题四：(躲在桌子下面，往信封里放粉笔）现在信封里的粉笔数可以用数字几表示？答：5、6、7、8……

问题五：为什么现在有这么多种可能？前后发生什么事了？答：看见与没看见……

问题六：为什么没有同学说 0 呢？除了确定不是 0，还能确定什么？

结论：在这种情况下，我们就说信封内的粉笔数为 a。

上述这些供学生讨论的问题，结合老师设计的行为，成为学生经历的过程，在这个过程中形成了理解一。

理解二：对不同的对象用不同的字母来表示

学生达成理解一之后，可以安排一组练习。一组练习完成后，再做下面一组练习。

准备：邀请一位学生上来回答问题，其他学生当小老师进行评价。

问题一：同学 A，你有多少根头发？

问题二：(老师指着自己谢顶的头）我有多少根头发？

答案一：你有 a 根头发，我有 b 根头发。

答案二：你有 a 根头发，我有 a 根头发。

问题三：两种答案的不同在哪里？谁更合适？

结论：不同的对象用不同的字母来表示。

理解三：两个对象有联系时，其中一个对象用字母式表示

(略）

学生基本上是在一些十分简单有趣的讨论中，自然而然地达成了对字母表示数的理解。这个过程就是深度学习的过程。

四、讨论：种子课如何成为种子课

“让种子课成为种子课”，这句话有些绕。前一个“种子课”，是从知识脉络而言的，它是一个节点，对后面的学习起着根的作用，是认识层面的应然的理解。后一个“种子课”，是实践层面的呈现。如何使应然的种子课真正实现种子意义，便是深度学习之所在。

以理解一为例，种子的特质在于学生的理解完全来自学生的生活体验。(见下表)

生活经验 —支撑→	感悟理解 —支撑→	作业显现
看见　确定　$\frac{1}{3}$　信封 ↓ 看不见　不确定　4、5、6、7、8 确定　0< ？ <100 →	确定的数用数字表示 ↓ 不确定的数用字母表示 →	1只青蛙1张嘴 2只眼睛4条腿 ↓ a只青蛙a张嘴 a只眼睛a条腿
学生都会的生活感受	学生都会达成的理解	有理解支撑的解题便不只是记忆，而是思考

种子课的意义在于，学生的学习是从生活经验出发，他们是在体验中完成理解，即有感而悟。将所悟到的明白表达为文字，就是理解。用理解去支撑题目的解答，便是能力。这个有感而悟而行的完整过程是种子课的基本过程。

如果将此过程与前面第一部分的过程做一比较，那么对种子课的了解便会有所深入，对深度学习的达成便会有一个比较直观的认识。

种子课如何成为种子课

在俞正强老师的种子课教学中，我们看到了深度学习的样子。

种子课，不是摘一片叶子给学生，而是在学生心里种下一颗蓬勃向上、热爱学习的种子，种下一颗能让学生的知识、能力、品格、境界不断生长的种子。种下种子的过程，就是带领学生深度学习的过程。有了深度学习，种子课就成为种下“种子”的课。

一、如何确定种子课

俞正强老师用“种子课”这个词，形象地描画了这样一类课的特点、地位与价值。在知识脉络中，它是知识联络的一个纽结，是一个节点，因而具有起始性、发生性的特点；它开启一类新知识的学习，引导学生发展出以前不曾用理智认真思考、不曾彻底明晰过的活动方式。通过对种子课的学习，学生的头脑、心灵和行动会有飞跃式的成长、实质性的变化。

那么，教师如何确定种子课？

最重要的应该是既明白知识的结构与价值，又知道学生的发展需要与方式，两相结合来确定种子课。通俗地说，就是既知道哪个是种子，又知道什么时候以什么方式来种下这颗种子。

首先，需要教师对学科面貌有总体把握，脑子里有一幅清晰的俯瞰式“学科地图”，知道知识不是孤立的，而是在结构中的，知道要在结构中把握某个知识的地位、作用及其内蕴的不同发展价值。教师若能做到整体把握，对知识便可“区别”对待，分得清轻重缓急。有了区别对待的主张，才能选择与之相匹配的恰到好处的方式来打开这个知识——带领学生领略体会知识的美与力量，帮助学生建构起学科的知识结构。

“用字母表示数”这一课，在俞正强老师眼里就是一节种子课。从数学的学科脉络来看，这节课是“数”的“不确定性”第一次出现，是关键内容，同时也是为方程学习打基础的一课，非常重要；从学生学习来看，学生则必须打破“数是确定性”的旧观念，去理解数有“不确定性”。正是在这个意义上，这节课是学生数感发展的关键一课，是种子课。

其次，教师还必须知道学生是如何学习这个知识的，表现为怎样的外在行为，又有怎样的内隐理解。一方面，可以从知识的特点与价值的角度出发来预先确定和引发学生的相应学习活动；另一方面，又可以从学生活动角度进一步挖掘知识的育人价值：这是一个相辅相成、不断升华和提高的过程。

例如，俞正强老师所列的二维分析图表就是通过分析知识特点和学生活动来确定种子课的一个优秀典范。在这节课上，俞正强老师带领学生从“确定的数”出发去理解“不确定的数”，知道“不确定的数”可以用字母来表示……。从外显行为到内隐理解，学生的每一个活动都隐含着教师自觉的教学意图，就是要让学生透彻地理解：为什么要“用字母表示数”，什么情况下用什么样的“字母表示数”。一层一层、逐层深入，既深入知识的内在本质，又深入学生的理解深处，精耕细作，无微不至。

因此，俞正强老师所说的“让种子课成为种子课”，就是把学科结构中具有节点性质的重要内容，通过深度学习的过程，在学生的思想和心灵里种下一颗种子，让它在日后的学习中进一步生根发芽。

二、认清“皮毛”学习的危害

俞正强老师举例提到的“用字母表示数”的通常处理，就是典型的浅层的皮毛教学。如此处理，大多是因为教师对这节课的意义与价值并不清楚，既不知学生应经历怎样的有意义的学习过程，也不知学生究竟应从这节课获得怎样的发展。因此，这种课的活动并不走心，意义感不足。例如，学生的活动主要是记忆复现与简单的技能操练，只需要调动原有的经验和技能（知道青蛙有几张嘴、几只眼、几条腿以及简单的乘法计算）就可应对，无须生成发展运用新的技能、思考新的问题。对于一些学生来说，这或许是一个可以无限循环下去的乘法游戏，热热闹闹，很开心，但也一定会有学生认为这种活动极其无聊，丝毫没有挑战，带不来任何智慧上的惊诧、兴奋、紧张和刺激，没有任何新的收获。显然，这节课这么上，学生会一直疑惑：明明可以用数来表示，为什么还要用字母来表示？更不明白究竟什么情况下用字母来表示数。所谓“用字母表示数”有“简便”作用的结论，入不了学生的脑子里，也进不到学生的心里。这样教学的结果通常是：学生能够照猫画虎但不会有深度理解，教学起不到自觉促进学生发展的作用。

俞正强老师说：“用例题讲清知识，用练习纠正错误，是我们数学学习的基本套数。”他总结得到位。不仅是小学数学，其他学科的教学通常也是这样。这种通过大量的重复练习让学生记住知识，形成类似自动化的反应的教学方式，即使学习完成，学生与知识还是两立而分离的，学生不亲近知识，知识也没能在学生的心里扎下根来。这样的教学，学生学了些皮毛，知其然而不知其所以然。它的危害并不在于没能自觉促进学生的发展，而是在于教坏了学生，把学生变成了板结的盐碱地——没有独立思考的愿望，没有坚持不懈追求知识的渴望，更没有发现、探索、创造的勇气。

三、激发学生的深度学习

俞正强老师能够识别种子课，而且能让潜在的种子课成为现实的种子课。这与他对学生学习起点的分析与思考，以及他的课前整体分析和精巧设计是分不开的。俞正强老师对学生学习起点的分析与思考，对知识性质与学习性质的分析，对教学内容之于学生发展的意义的分析，对课的目标的层次性区分与定位，都极为细致而深入。他确定了从“教学起点”到“教学目标”的若干步骤和分目标——做到胸有成竹，为教学精确定位和有序实施奠定扎实基础；从学生可见的外部行为推及其内在的理解，将教学目标确定为可用外部行为表征的内部理解——激发学生用脑用心，深入思考与理解，避免“皮毛式教学”。有了这样条理清晰而透彻的分析和准备，上好“种子课”便有了可能，能够让学生豁然开朗，获得真实不虚的发展。

深度学习的主体虽然是学生，教师却起着关键的作用。没有教师，就不可能有学生的深度学习。俞正强老师的课，便是教师发挥主导作用以落实学生主体地位的榜样，生动演绎了以学生主体活动为中心的教师、学生、学习内容的水乳交融、三位一体。

我们来看俞正强老师是如何设计、执教这节课的。

俞正强老师为“理解一”设计的初始活动，学生会感觉简单、容易、好进入，因为它“可能”、能“看见”，有几根粉笔便可“确定”用数字几来表示，这既是学生最简单的生活经验，也是数字与实物的直接对应关联。“理解一”的后续设计，则故意让学生“看不见”却还要求学生用数字来表示，这便引得学生要做猜测了。既然是猜测，便会有多种可能，让学生体验到“看不见”与之前“能看见”“能确定”的唯一答案是不同的。这是“理解一”的妙处所在。俞正强老师用简单的一个信封、几个动作，便让学生体悟到了什么是“确定的”、什么是“不确定的”，极简而妙。由于理解了“不确定性”，学生才能打破此前数学学习中的确定性，见识到数学学习的全新内容，也打开了思想的另一方天地。

“理解一”的几个行云流水般自然而然的活动，正是俞正强老师精心设计的六个问题的渐次展开。这六个问题既表达了知识的内在逻辑，也符合学生思维和行动的心理逻辑，结合在一起便构成了学生的有序经历。这种有序经历，引发学生自觉去思考、体会“不确定的数”可以用字母来表示。可以想象，如果没有这些有序的活动，学生不会有如此深刻的感受。

“理解二”的设计，同样简单而又内蕴丰富。简单是因为生活中随处可见，人人有头发；丰富是因为即使可见、即使是自己的头发也不能确定究竟有多少，唯一能确定的是，我的头发与你的头发数量不会是一样的。那么，不同的对象就得用不同的字母来表示。这样的设计，让学生沉浸其中，“自然而然”就理解了“不同的对象要用不同的字母来表示”，轻松、愉悦而且彻底。“理解二”的教学设计，既是对“理解一”的再加工、深加工，又是在“理解一”的基础上的新理解、新提升。

“理解三”非常重要，是方程学习的基础。有了“理解一”和“理解二”，“理解三”的实现便更为顺畅。事物是普遍联系的，总是有着这样那样的关系，而分析和表述事物间的关系，正是数学的一项工作。用抽象的数学语言来概括、表述具体事物间的关系，是对纷繁复杂的日常世界的抽象化、理念化的过程，这对学生来说是神奇的、有挑战的，也是令他们兴奋激动的。正是这样的活动，让学生的精神生活获得重要进展。

综上我们发现，俞正强老师把学生的深度理解作为教学最重要的目标，作为教师努力的方向。他上课用的材料，随处可见，称手好用，既可以让学生聚焦活动的核心，又不会让学生分散精力去关注无关因素。可以说，俞正强老师的这节课，学生始终在场，是学习的主人。教学的每一个步骤都是学生亲身体验、亲自参与的，每一个结论都是学生深入思考、相互讨论得出来的。教师、学生、教学内容这三个教学要素完美地融合在一起，令人有一种物我两忘的沉浸感。

这节种子课，在学生的心里种下了种子。这颗种子是通过学生的深度学习、精耕细作种下的。

附：课堂教学实录

【教学年级：四年级；教材版本：北师大版】

环节一　谈话导入

师：同学们，我们一起来上一节课，上一个明年要学习的内容。这个内容叫——

生：(齐读)：用字母表示数。

师：这是下学期要学的，大家没学吧？

生：没有。

师：有没有听到过这个事情？听到过的举个手。

生1：听到过。

师：在哪里听到过？

生1：在上课外班的时候听到过。

师：还有谁听到过？

无人举手。

师：好，没有的话我们就开始上课。

环节二　对不确定的数用字母表示

师：上这节课，老师带来了三个信封。

师：(取出一个信封并晃了晃) 我这个信封里有没有东西？

生：没有东西。

师：里面没有东西，选一个数字来表示，你会选择哪个数字？

生1：0。

生2：0。

生3：1。

师：他说0，他说1，你觉得哪个答案是对的？

生：(齐答) 0。

师：为什么1不对？

生：因为里面是空的，用0表示。

师：用0表示，这个本领是几年级学会的？

生：一年级。

师：0表示没有。

师：(放到信封里1根粉笔) 现在可以用数字几来表示？

生：(齐答) 用1表示。

师：你怎么知道是1呢？

生4：我看到刚才你放进去1根粉笔。

师：他怎么知道的？

生：(齐答) 他看到的。

师：看到我放进去几根？

生：(齐答) 1根。

师：确定吗？

生：(齐答) 确定。

师：所以用数字几表示？

生：(齐答) 1。

教师板书：看见。

师：因为这个小朋友很确定地看见了，所以用数字1来表示。这点功夫难不难？

生：(齐答) 不难。

师：好，同学们，我现在又要放了。(从信封里拿出1根粉笔，放进3根粉笔) 请问用数字几表示？

生5：3。

师：有不同意见吗？确定吗？为什么这么肯定？

生5：因为我看见了。

师：看见老师往里面放了3根粉笔，所以用数字3表示。

师：现在老师把这3根又拿出来了。请问，你觉得我接下去会放几根粉笔？

生6：6根。

生7：4根。

生8：5根。

师：你觉得哪一个小朋友的答案你比较喜欢，为什么？

生9：4根，因为4根是你前面放进去3根后接下去的一个数。

生10：5根，因为你刚开始放了1根，后面3根，加了2根，3加2等于5。

师：哦，1、3、5，它是有规律的。我发现大家都在用脑子思考问题，这样非常好。

师：现在大家看好，我要放几根粉笔了。（把信封藏在讲台下面放粉笔后，晃信封，发出声音）请问，现在用数字几来表示？

生11：6根。

师：你确定吗？

生11摇头。

生12：7根。

生13：我觉得是5根。

生14：4根。

师：有没有不同说法了？

学生摇头。

师：刚才同学们有的说4根，有的说5根，有的说7根，为什么突然之间有这么多不同的答案了？

生15：因为我们没有看到。

师：为什么没有看到？

生15：因为你放在讲台底下放的。

师：因为我在讲台下面放了，你们没看见，所以确定吗？

生：不确定。

教师板书：没看见、不确定。

师：因为没看见、不确定，所以那个小朋友说4，那个小朋友说

5……。真了不起，但是我想问一下，为什么没有人说是0呢？它可能是0吗？

生：(齐答) 不可能。

生16：因为有声音。

师：因为有声音，所以可能是0吗？这件事可以确定吗？确定它肯定不是几？

生：(齐答) 可以确定，肯定不是0。

师：我虽然不确定它是几，但是我可以确定它不是0。你还能确定什么？

生17：不是1，因为里面有很多声音。

生18：肯定不是2，感觉声音像有很多在碰撞。

生19：里面粉笔肯定比较多。

师：还有吗？

生20：确定比3根要大。

师：除了确定它不是0、不是1、不是2、不是3之外，你还能确定什么？

生21：不是100。

师：为什么？你同意吗？

生21：因为不可能装这么多的。

师：它能装100根吗？可以确定不是100吗？厉害不厉害？

生：(齐答) 不能，确定，厉害。

师：我觉得确定它肯定不是0的这个人很厉害，确定不是1的这个人也很厉害，确定不是100的这个人也很厉害，确定不是2、不是3的就没有这几个人厉害了。同意吗？

生：(齐答) 同意。

师：你看看，它肯定不是100的，你怎么想到的。这么小的袋子最多可以装几根？

生：50、25、10、30、40……

师：好，你们说得都有道理，但她是第一个说的，我们就听她的，一定比 100 要——

生：（齐答）小。

师：一定比 3 要——

生：（齐答）大。

教师板书：$3<\qquad<100$。

师：这件事情能确定吗？

生：（齐答）能。

师：这个数比 3 大、比 100 小是能确定的，但是具体是多少能确定吗？

生：（齐答）不能。

师：（与学生一起小结）好，同学们，大家发现没有，这之前，我们都是（看见），看见之后我们能够（确定）它是几。后来我躲到下面去放了，所以咱们（没看见），没看见我们就（不确定）它是几，但我们能确定的是它——（比 3 大，比 100 小）。

师：这种情况碰到了，以后我们就有新本领了。我不知道是几，但我知道你不是几，以后我们怎么办呢？就是要用字母来表示了。用什么字母呢？

生：（齐答）*a*。

师：或者——

生：（齐答）*b*，*c*，*d*……

师：几种？

生：24 种。

师：为什么是 24 种？

生：24 个英文字母。

师：24 个英文字母吗？到底多少个英文字母？

生：26 个。

师：对了，有 26 个英文字母，因此有 26 种选择。那我们今天选第一个字母好不好？哪个字母？

生：（齐答）a。

师：几根粉笔？

生：（齐答）a 根粉笔。

师：同学们，对什么时候用字母来表示有感觉了没有？学会了没有？

生：（齐答）学会了。

环节三　对不同的对象用不同的字母来表示

师：那我来考考你。哪位小朋友的数学最厉害？请你上来。我开始问问题，他开始回答问题，你们都当老师来判断他回答得对不对。

师：（生1上来）小朋友，请问你今年几岁？

生1：10岁。

师：我再问他一遍，小朋友，你今年几岁？

生1：10岁啊……a 岁。

学生笑。

师：他现在答案换了哦。我前面问他，他说10岁，现在说 a 岁。两个答案了，那我再问第三遍，你要确定下来好不好？小朋友，你今年几岁？

生1：9周岁，10虚岁。

师：我们按10岁。请大家来判断，对还是不对？有没有认为不正确的？

生：对。

师：大家都觉得是对的，那我有一个问题，为什么你后来不选择用 a 来回答我？

生1：因为我明明知道自己的岁数。

师：同意吗？

生：（齐答）同意。

师：他今年几岁啊？因此确定用几来表示？

生：10。

师：这个问题难不倒你们。他说他明明知道自己几岁，所以用数字10来表示。我再问你，你今年几岁？

生1：10岁。

师：我今年几岁啊？

生1：a岁，我不知道你的年龄是几。

师：你不知道我的年龄，但是你知道我的年龄一定——

生1：比10大。

师：太厉害了！我继续来问，谁来做？（生2上来）小朋友，你有多少根头发？

生2：a根。

师：a根，同意吗？

生：（齐答）同意。

师：小朋友，我有多少根头发？

生2：b根。

师：b根，你同意吗？

生：（齐答）同意。

师：都同意，那为什么你是a根，我是b根呢？

生3：因为你们是两个人。

师：所以用——

生3：所以用a、b这两个字母来表示。

师：（与学生一起小结）所以他是（a根）头发，我是（b根）头发，两个不同的对象就要用两个（不同的字母）来表示。谁告诉你的？

生3：自己知道的。

生2：自己想到的。

师：太厉害了。刚才这两个小朋友告诉我们一个道理，什么道理？

生：不同的两个对象用不同的两个字母来表示。

师：好。知道了这个之后，我要拿第二个信封了，我估计难不倒你们了。

教师在讲台下装粉笔。

师：请问，我装了几根粉笔？

生：b 根。

师：我太佩服大家了，大家为啥不说是 a 根啊？

生：因为它是第二个信封了。不同的对象用不同的字母表示。

师：对了，因为这个信封（信封 1）里是几根粉笔？

生：（齐答）a 根。

师：所以这个信封（信封 2）里就是几根粉笔？

生：（齐答）b 根。

师：或者——

生：（齐答）c 根。

师：或者——

生：（齐答）d 根。

师：几种或者？

生：25 种。

师：为啥是 25 种？

生：因为 a 不能用了。

师：太厉害了。我再来问你们一个难一点的问题，a 和 b 谁比较大？

生：a 大。

师：我们都认为是 a 大，理由呢？

生 4：因为 a 是字母的第一个。

师：因为先 a 再 b，a 在前面所以 a 大一点对吧？

生 4：对的。

师：（请第一排和第二排的学生站起来）谁在前面？谁大？

生：后面的大。

师：那怎么办？还有别的想法吗？

生5：因为装 a 根粉笔的信封胀一点。

师：（举起信封）哪个胀一点？

学生无法比较。

师：大家都不能确定。a 是几根，我们知道吗？

生：（齐答）不知道。

师：b 是几根，我们知道吗？

生：（齐答）不知道。

师：a 比 b 大的可能性有没有？

生：（齐答）有。

师：b 比 a 大的可能性有没有？

生：（齐答）也有。

教师板书：$a>b$，$a<b$。

师：都有可能，因为都不知道，既然不知道，所以都有可能。所以不能说 a 在前面就 a 大。除了这两种可能之外，还有第三种可能吗？

生：a 等于 b。

教师板书：$a=b$。

师：好，还有第四种可能吗？

生6：b 等于 a。

师：b 等于 a 就是 a 等于 b，我等于你就是你等于我，一样的。还有第四种可能吗？

生7：a 不等于 b。

师：a 不等于 b 就是 a 大于 b 和 a 小于 b 这两种情况。还有第四种可能吗？

生8：a 大于等于 b。

师：a 大于等于 b，就是 a 等于 b、a 大于 b 这两种可能。

生：没有第四种可能了。

师：（与学生一起小结）以后我们来说 a 和 b 谁比较大，你应该说有三种可能，分别是（a 大于 b，a 小于 b，a 等于 b）。

师：好棒！

环节四　用字母式来表示

师：接着我们再来看。我拿来了第三个信封。

教师在讲台下放粉笔。

师：第三个信封里有多少根粉笔？

生：（齐答）c 根。

师：或者——

生：（齐答）d 根。

师：几种或者？

生：（齐答）24 种。

师：我这个信封里有 c 根粉笔。同学们，现在我又往里面放粉笔。

教师让学生看见放的过程。

师：请问，现在这个信封里有多少根粉笔？

生 1：（$c+3$）根。

生 2：c 根。

生 3：c 根。

师：你认为哪种答案比较好？

生：（齐答）（$c+3$）根比较好。

师：（把 3 根粉笔拿出，重新演示）这里有几根粉笔？

生：（齐答）（$c+3$）根粉笔。

教师板书：$c+3$。

师：好厉害。

师：（拿出 1 根）几根？

生：（齐答）（$c+2$）根。

师：或者是——

生：（齐答）（$c+3-1$）根。（教师板书。）

师：你们太厉害了。同学们，现在这个信封里面到底有多少根粉

笔，我们知道吗？

生：（齐答）不知道。

师：那我们是用什么来表示的？

生：（齐答）$c+3$。

师：$c+3$ 是一个加法算式，所以这个数有时候可以用字母来表示，有时候可以用这样的一个式子来表示，这个式子含有字母，因此这个式子叫作字母式。

环节五　全课小结

师：同学们，今天我们学到这里，你有没有什么感想要发表？

（略）

从熟视无睹到惊诧有趣

——以“面积的认识”为例

面积的主角是“面”，学生一直生活在面的世界里，但学生却不知道面在哪里，这真的非常奇怪。

对面积的认识，本质上是对“面”的认识，面是一个存在，因为存在而成为认识对象。作为对象，对它的认识主要是对特征与属性的认识。

有关面的特征的问题包括：面在哪里？把面画下来得到图形，这世界是先有面还是先有图形？面能撕下来吗？

学生认为面有大小、长短、轻重，哪个才是面真正的属性？

特别是对“面能撕下来吗”这个问题，学生无论成绩怎样，都十分投入地思考，最后通过动手撕封面（泛指书本最外面的一层，后同）得出结论：可以撕下的是一张纸，不是一个面。这种认识，带来了思考的乐趣。

来自数学思考的乐趣，才是真正的学习乐趣。

种子课

深度学习显现本真趣味

数学学习是有乐趣的。有些乐趣是属于功用的，比如学了数学可以计算从甲地到乙地的时间；有些乐趣是功利的，比如学了数学可以升入高一级的学校，或者说学了数学可以得到一些肯定。这些功用也好，功利也罢，都不属于数学学习的本真乐趣。作为一名数学老师，我真正在乎的是学生对数学本真乐趣的体验。这种本真乐趣是来自数学深处的，与人的内心抑制不住的认知冲突相联的，是让学生喜欢上数学的原因所在。

本文以“面积的认识”为例，谈谈什么是数学的本真乐趣，同时讨论本真乐趣之于数学学习的意义。

一、案例：“面积的认识”通常是这样教的

“面积的认识”是一节概念课。概念课多是枯燥无味的，其上课流程基本是：

（1）定义：什么是面积？（物体表面或封闭图形的大小叫面积。）

（2）理解：什么是物体表面？什么是封闭图形？什么是大小？

（3）练习：①判断题；②其他类型题。

具体展开基本是这样的：

环节一：认识面积，达成对面积概念的理解

师：同学们，大家知道什么是面积吗？

生：物体表面或封闭图形的大小叫面积。

师：什么是物体表面？物体表面在哪里？

（操作：学生摸一摸。）

师：什么是封闭图形？有哪些封闭图形？

（讨论：各种图形。）

师：大小指什么？

（操作：给各种图形涂上颜色。）

环节二：巩固认识，厘清面积概念与相关概念的区别

（略）

老师们在教“面积的认识”这一课时，通常精力都花在设计练习与批改上，教授面积概念本身花的时间并不多。上面的环节一共用六七分钟即可结束。

二、讨论：面积该如何认识

在小学，图形的周长与面积的辨析是一个难点。因为学生极易混淆，所以老师很头痛，于是老师会给学生增加许多练习，以为学生练习多了，混淆便消失了。

而事实是，练习再多，学生依然会产生混淆。最后，老师会教一个诀窍：凡是单位带平方的，是面积；凡是单位不带平方的，是周长。这个诀窍对有单位的题目是有效的，但对于不带单位的题目，学生又抓狂了，毫无乐趣可言，唯留苦痛在心间。

面积与周长的混淆发生的根本原因在于学生认识不清晰。认识模糊才是发生混淆的根本原因。所谓认识到位，行为正确。行为发生偏差的根本在于认识没有到位。

以面积的定义为例：物体表面或封闭图形的大小叫作面积。我们思考一下：学生读到“物体表面”这四个字的时候，脑中浮现的与之对应的表象应该是“体”；读到“封闭图形”这四个字的时候，脑中浮现的与之对应的表象应该是“线”。也就是说，在读面积定义的时候，学生脑中显现的与文字匹配的表象没有“面”。

须知，“面”是面积的主角啊！主角都没有出场，与主角相连的那些元素岂非成了流沙上的建筑？

所以我们在认识面积的时候，首先要认识的是“面”这个对象。认识这个对象主要有两方面的内容：特征与属性。对面的特征与属性都认识了，定义便寓于其中了。那么“面积的认识”该如何展开呢？

三、实践：如何认识面的特征与属性

如何认识面的特征与属性，进而形成面积的定义呢？我的做法基本是如下流程。

环节一：认识“面”的特征

(1) 将“面”对象化。

教师在黑板上写下“一个面”三个字。“一个”两字写得比较小，“面”字写得比较大。(见下图)

任务：请给大家介绍一个自己非常熟悉的面。

【分析】因为“面”的前面写了“一个”两字，学生就不会讲方便面之类的事物。但介绍“一个面”这件事，却显得十分困难。大部分学生会说没有，个别学生会说长方形、正方形之类的。在长方形里涂面这件事的结果就是长方形、正方形上有面，此外便没有了。这个困难，充分显现了“面”作为对象的重要性。

师：(启发学生) 请同学们拿起书，书有个面叫什么面？

生：封面。

师：对封面大家熟悉吗？这么熟悉为什么说不上来？你还能说出自己熟悉的面吗？

生：墙面、地面、脸面、水面、床面……

【分析】一旦打开生活库，关于面的说法便不胜枚举了。从开始时的愕然到后来的坦然，学生经历了“面”的对象化的过程，体会到原来我们就生活在“面”的世界里。“面”在学生熟悉而不知的世界里作为对象被凸显出来。这个凸显的过程带给学生们极强的心理体验，这种心理体验便是乐趣的来源。

(2) 厘清“面”与“形”的关系。

师：这么多同学都回答了自己熟悉的面，让每个人都说，时间来不及，我想请大家把熟悉的面画下来。

(学生画图。)

师：(投影一位学生的画) 请同学们猜一猜，他画的是一个什么面？

生：水面、墙面、地面……

师：这位同学画的面，为什么在不同的同学看来是如此不同呢？

生：这位同学画了一个长方形，而那些面都可能是长方形的。

(其他形状略。)

师：同学们在画面的过程中有什么体会要跟大家分享？

生：把面画下来它就是一个一个的形。

师：这个世界是先有面还是先有形？

生：先有面。

【分析】“面”是一个对象，“面”是一个存在。“形”是我们对“面”的存在的一种区分。先有“面”而后有“形”，这一认识非常重要，这个认识颠覆了学生在课外班中经历的在“形”上找“面”的认识。从“形”上找“面”，学生就会形成先有“形”而后有“面”的认识，这样就把“形”作为对象了。这种颠覆给学生们带来的体验可以描述为“拨乱反正”的舒适感，这种舒适感正是认识的乐趣所在。

(3) 厘清“面”与“体”的关系。

师：同学们，你们认为这些面都可以撕下来吗？

生：地面不行，墙面不行，封面行。

师：同学们，封面能撕下来吗？

生：能撕下来。

师：一本书有几个封面？

生：一个。

师：(请同学们仔细观察撕下的封面) 这张有几个面?

生：两个。

师：一个面能撕下来吗?

生：撕的永远是一张纸，撕不下一个面。

结论：面是撕不下来的。

【分析】关于面能否撕下的讨论是反常识的，因为反常识，所以学生的情绪体验十分生动。他们一直以为封面是能撕下来的，讨论的结果是封面是撕不下来的。“面”是一种存在，却不是独立存在，只是“体”存在的一种方式。

(4) 关于“面”的分类讨论。

师：黑板上记录了同学们列举的熟悉的面，请问这些面中哪个面最特别? 特别之处在哪里?

结论：脸面最特别。

【分析】这是对“面”的分类的讨论。脸面为曲面，其他面为平面。从情绪节奏上来看，这是为撕面的讨论所引起的激烈情绪做一个平复的过渡，因为后面有关于“面”的属性的讨论，也是令人十分纠结的。

环节二：认识“面”的属性

(1) 关于轻重。

教师板书：轻重。

师：请同学们讨论，面有轻重吗? 或者说，面有重量吗? 观点一：面有轻重。观点二：面无轻重。请同学们说明面无轻重的理由。

生：因为面是撕不下来的，既然撕不下来，怎么称得出重量呢?

(2) 关于大小。

教师板书：长短，大小。

师：请同学们说一说，比较两个面的时候，我们通常是比较大小还是长短呢? 观点一：比长短。观点二：比大小。请大家说说自己的理由。

结论：面的属性是大小。

教师板书：轻重× 长短× 大小√。

【分析】如果说认识“面”的特征是逐步抽象的过程，那么认识“面”的属性就是去伪存真的过程。“面”没有重量，就把“面”与“体”区分开来；“面”不论长短，就把“面”与“线”区分开来。“面”是论大小的，大小是“面”的属性。这个认识是在辨析中完成的。因为在生活中“面”与“体”有时很难分开，所以学生会很自然地认为“面”有轻重。当学生们明白“面”无轻重的时候，会感到惊诧，而这种惊诧，正是数学认识世界的本真乐趣。

四、辨析：什么是数学的本真乐趣

前文基本呈现了两个不同认识的版本。现在我们做一比较，从中体会二者的差别。（见下表）

类别	一般性学习	深度学习
流程	一、定义：物体表面与封闭图形的大小叫面积 二、解释理解 1. 物体表面 2. 封闭图形 3. 大小 三、练习巩固	一、面的特征 1. 找面 2. 画面 3. 撕面 4. 面的分类 二、面的属性 1. 无轻重 2. 不论长短，只论大小 三、定义：面的大小叫面积
学习类型	由外而内的接受性学习 概念内化的过程	由内而外的生成性学习 经验概念化的过程

什么是数学的本真乐趣？

本真乐趣，就像吃饭时的米香，吃面时的麦香，来自人类利用数学这一工具认识世界时所产生的情绪体验。体验若无，自然是无乐趣；体验越丰富，乐趣越浓郁。

本真乐趣的显现，就是将学生们带入真实的学习，而真实的学习，往往是简单的、有深度的、充满乐趣的。

让种子课彰显本真趣味

一、要保护学生本真的学习乐趣

知识是千百年来无数先贤实践探索的结晶，蕴含着先辈解决问题的思维方式、聪明才智。学习知识，就是和最聪明的人的交往和对话，是最高级的精神享受，是让自己变得丰富、有趣的历练过程，是提升个人精神境界的捷径。高尔基说：“我扑在书上，就像饥饿的人扑在面包上一样。”高尔基所描绘的，正是人们对知识的天然的、纯粹的渴望，这种渴望是最激动人心的乐趣来源。

不可否认，知识有功用的乐趣，也有功利的乐趣。这样的乐趣可外化，可言明。如俞老师所说：“有些乐趣是属于功用的，比如学了数学可以计算从甲地到乙地的时间；有些乐趣是功利的，比如学了数学可以升入高一级的学校，或者说学了数学可以得到一些肯定。”这样的乐趣不因其功利和功用而低人一等，它们同样重要。如从甲地到乙地，本来是长度，竟然可以转化为时间，多神奇啊！这是外在的功用乐趣，但可以转化为内在的数学学习乐趣。功利的乐趣也是同样：因为学得好而乐意学数学，从而进入数学更内在的部分，发现内在的乐趣，多好！可怕的是仅仅停留于外在的功用和功利，或以它为诱饵来诱惑或逼迫学生学习。这样，“乐趣”就变成毒品，饮鸩止渴，令学生永不能体会到数学学习的内在乐趣、本真趣味。这种内在本真的乐趣也许说不出来，但内心或狂喜或幽微的感受，却是真正的心动，让学生能够体会与数学浑然一体、物我两忘的境界。这种本真的趣味，也许并不能在每节课上都体会得到，但只要感受过一次，学生就会见到数学的美、体会到数学的魅力，就会动心用情，会为了数学的美，付出全身心的努力。

教师的作用，就是要让学生见到知识的美、感受知识的魅力，保护他们学习知识的本真乐趣。

二、舍本逐末的教学，既无趣也无味

俞老师介绍了“面积的认识”一课的通常教法。从他的介绍来看，在这样的教学中，知识学习只是考一个好分数的手段，而再无其他的功用，更别提学习的乐趣。

这种通常教法最大的优势是“快”，让学生理解面积定义的环节只需六七分钟就可完成。大量的时间用于做题、练习、巩固，用于应付可能有的各种题型。教学变成了知识的平移、搬运和刷题，成了没有思想的行为训练。俞老师上课经常问学生“心有何感，脑有何思”。但在这样的课上，学生的心不动，脑也不动，只是像机器一样，完成规定的动作，形成固定的套路。

在这样的教学里，学习带不来乐趣，学生成不了主人。

但是，这种教学也有迷惑性，它有灌输式教学的实质，又有所谓“以学生为主体”的教学形式。例如，它会让学生“摸一摸”“涂一涂”“画一画”“讨论讨论”，等等，似乎这就是学生的“主动活动”了，殊不知，机器也是会活动的，小狗也是会摇尾巴的，“聪明的汉斯”也是能给出正确答案的，但那都不是自己的头脑和心灵主动参与的活动。对教师而言，这样的教学让教师心安理得，因为这是“探究”，这是“学生主动活动”；对学生而言，却依然不明所以，行动被动，只能推一步走一步而不去动用自己的头脑思考，难以形成自己的想法。

有不少人对教学有误解，以为教师“讲授”学生就一定被动，有了外显的“活动”就一定主动。事实上，讲授也可以引发学生的主动思考（即内部的积极活动），外显活动也完全可以是听令而行的被动。只从表面理解教学，而不去触及教学的根本，便只能看到教学之形而不能抓住教学之神。显然，老师问“同学们，大家知道什么是面积吗?”，学生回答“物体表面或封闭图形的大小叫面积”，这是典型的有口无心、知其然不知其所以然的回答，学生既不明白也不理解，但可以“鹦鹉学舌”般复述一遍。

不以理解为前提的复述，依靠的是学生的意志力和记忆力。学生不能融入数学，便感受不到数学内在的美，体会不到思想的乐趣，也体会不到新知识学习对以往思维方式的颠覆所带来的惊诧和惊喜。长此以往，大量孤立的、复述性内容便成为学生需要背负的重担而不是其成长的养分和助力，学生只会觉得苦不堪言，却丝毫感受不到学习的喜悦。这样的数学学习不能给他一双数学的眼睛，也不能给他一个数学的头脑和一套数学的语言。

俞老师讲得对，认识不到位，行为就会发生偏差。俞老师介绍的常规做法的例子，是舍本逐末的典型表现。因为没有讲清道理，所以学生的行为是糊涂的，对于周长和面积就必然混淆；学生没有经历周长和面积的思想形成过程，练习再多也无济于事。

常规教学的做法，不仅让学生倍感无趣，更重要的是，它并不生成新的东西。它不关心学生是否真正参与、介入了教学过程，只关心知识是否被传输和接受，这样的教学使学生感到迷茫、压抑而不是自信、独立，既无趣也无味。

三、本立而道生，趣在其中矣

教学活动是认识活动。它不是从头开始的孤立的实践摸索，而是在教师带领下把握人类已有认识成果的学生个体认识。教学活动虽然不在于发现创建新知识，但一定强调经由学生个人的主动活动来领会、领悟、获得人类已有的认识成果。教学活动是对人类知识的再生产、再加工和再转化。学生个体认识的形成虽然比人类最初发现知识的过程容易，但也必须充分运用自己的智慧，在与教师、与知识“搏斗”的过程中形成。因此，教学方式究竟是讲授、讨论还是探究，学生是否有外显的活动，等等，都不是根本要素，也不是判定教学好坏的重要指标。最根本的，要看学生在面对挑战性的学习活动时，是否真正投入地参与了、思考了，是否获得了前所未有的见解、见识，是否有提升和发展。《论语》有云："君子务本，本立而道生。"《大学》亦有云："物有本末，事有终始。知所先后，则近道矣。""其所厚者薄，而其所薄者厚，未之有也。此谓知本，此谓知之至也。"教学也同样要知道根本。本末颠倒、厚薄不分、不知根本的教学，不仅无益，而且有害。

俞老师对教学的"本"有清晰的认识。针对学生常常发生的周长与面积混淆的状况，他说："所谓认识到位，行为正确。行为发生偏差的根本在于认识没有到位。"教科书提供的面积定义"物体表面或封闭图形的大小叫作面积"，只是一种事实描述，并不能让学生形成关于"面"的表象和认识。没有对"面"的认识，而要认识面积（"面"的大小），无异于缘木求鱼，徒劳无益。以"面积的认识"一课为例，要想让学生认识到位，必须首先认识什么是"面"。面积的学习应从"面"开始。认识"面"的什么呢？认识"面"的特征与属性。

那么，应该如何让学生认识"面"呢？对于学生而言，虽然常与"面"接触，却并没有对"面"的感性认识，他们看到的、接触的，要么是物体，如桌子、黑板、书本；要么是线，如黑板的边线、书本的边线等。"面"还没有抽象出来成为他们的认识对象。俞老师的教学流程设计恰是抓住了学生的认识难点，从学生那里出发，带着他们一起与知识互动、融合，探求知识"发现"的乐趣。

俞老师首先做的，是把"面"对象化，也就是把"面"从"体"上剥离、抽象出来，成为一个独立的、学生能够认识的对象。从学生的反应来看，学生确实对"面"没有清晰的认识，那些说长方形的面、正方形的面的学生，只是"鹦鹉学舌"，并不清楚"面"与"形"的关系。学生的困难，说明了把"面"作为对象是这节课的根本，这一点正是许多教师所忽视的——他们理所当然地把面积告诉学生，却不教“面”本身。

俞老师的做法，是把握“根本”的做法，他深入知识的本源处，深入学生思维的关节处，带领学生深入数学中去体会数学思考的乐趣。正是因为有了这样的深度把握，俞老师才能够举重若轻地接入学生的生活经验，从“封面”入手，引导学生提出墙面、地面、脸面、水面、床面……。于是，“面”开始作为可认识、可言说的对象从物体中独立出来，进入学生的意识，成为学生观察、思考、表达的对象，而学生的认识范围也借此得以扩展，学生有了发现新世界的一种新工具——这怎么不让学生感到愉悦呢？这是视野广阔、精神境界得到升华的内在乐趣。

关于“面”与“形”的讨论，是“面”抽象出来之后的进一步清晰化。“先有面而后有形”的认识是对通常看法的颠覆。这样的认识对学生是一个挑战，它挑战了学生通常的看法。例如，作为结果呈现时，“面”是长方形的“面”、正方形的“面”、三角形的“面”，一般人都会认为“形”先而“面”后。俞老师则通过让学生画“面”这个简单环节，引发学生思维深处的革命，使学生意识到“形”是对“面”的形状的描述，“面”是什么样，便有什么样的“形”，没有“面”就没有“形”。这样的认识就深入到事实本身，还事实以本来，让学生有豁然开朗之感。这是真正的乐趣，是认识得到超越的乐趣。

弄明白了“面”与“形”的关系，就要进一步解决“面”与“体”的关系。这个关系要说明的是“面”依存于“体”而存在，无“体”便无“面”，“面”存于“体”上，“面”不能孤立存在。俞老师设计了“封面”能否撕下来的讨论环节，让学生来体会“面”与“体”不可分割的关系。对这一关系的认识，是生活经验进一步抽象化的过程——先让学生经历将“面”独立出来，即对象化的过程，再经历“面”与“体”不可分的认识过程，学生对“面”的特征的认识就真正确立起来了。不过，因为“封面”的特殊性，它特指书的封页，所以有一点绕，更显纠结。如果用书面、水面、墙面来做例子可能同样有效，其抽象性也许更强。

对“面”的分类的学习相对容易。当然，即使容易，也需要提示，学生才会注意到，才能做出分类。同时，分类环节还承担着调节课堂节奏的功能。正如俞老师所说，这是一个平复情绪的环节，是两个高潮间的过渡。这个环节的处理也可见俞老师对课堂教学的整体把握能力。高低起伏，有韵律感，让学生体会到活动之美。

“面”的特征建立之后，就进入“面”的属性的辨析。

俞老师分析得特别好：特征是一个逐步抽象的认识过程，而属性则是一个去伪存真的辨析过程。前者是一个建构“对象”的过程，后者是一个认清“对象”的过程。这两个过程既有先后又相互支撑。例如，“面”无轻重、无厚薄，是与“面”在“体”上的特征分不开的；“面”不论长短，则与“线”相区别。通过一层一层地去伪存真，最终确认“面”有“大小”，学生则自然能理解“面积就是面的大小”，水到渠成，顺理成章。对“面”的属性的厘清，也是对“面”的特征的进一步巩固，强化了“面”的抽象性，使学生明白“面”与我们常见的“东西”不同。在日常生活中，东西或物体总是有轻重的，但“面”没有，它是抽象出来的，是我们头脑思想的结果。学生会感觉到自己了不起，知识了不起，数学了不起。

在俞老师这里，学生的学习是深度学习。关于面积的定义，不是老师告诉学生的，不是学生从书本上念出来的，而是学生经由自己头脑的思考体会到、把握到的，是一个自然而然生长的过程。这样的教学不仅让学生有所得，而且让学生感到自信、乐观、开朗。

俞老师的教学抓住了根本，不仅抓住了知识的根本，还抓住了学生学习的根本。教学需要举一反三，“一”就是内蕴在知识表述中的道理、原理。把道理讲清楚了，才会有灵活的、多样的、创造性的解决问题的思路，才可以应对一切熟悉的或陌生情境的问题。而学生学习的根本就是全身心地投入有挑战性的活动中，不仅动脑，还要用心动情，让学生感受到自己活生生的灵动的生长过程。在俞老师的“面积的认识”这节课上我们切身感受到了。

当然，说俞老师能抓住根本，并不是说他不注意细节。他关注那些能够影响整个课堂根本和节奏的细节。例如，为什么写“一个面”，又为什么把“面”写得大大的，把“一个”写得小小的，都是有意图的。

附：课堂教学实录

【教学年级：三年级；教材版本：北师大版】

环节一　由表及里，认识特征

1. 聊“面”

师：老师在黑板上写了一个字，读一下。(板书：一个面。)

生：面。

师：前面还有两个小字，连起来读。

生：一个面。

师：今天第一件事情是请大家交流一下你很熟悉的一个面。

生1：桌面。

师：桌面在哪里？

学生齐摸桌面。教师板书：桌面。

生：桌面在桌上。

师：这个面我们是拿来干什么用的？

生：用来写字、吃饭、放东西、放本子。

师：一天用多少次？

生：数不清。

师：这个面你熟悉吗？

生：熟悉。

师：这位小朋友跟我们分享了一个他很熟悉的面，还有哪位小朋友接着来分享？

生2：凳面。

生3：地面。

师：同学们，地面在哪里呀？（板书：地面。）

生：地面在地上。

师：地面有什么用？

生：走路。

师：我们走在什么地方？

生：地面。

师：请你也说一个。

生4：表面。

师：表面在哪里？

生：一个物体的最外面。

师：哪个物体呀？

生5：手表。

生6：铅笔盒。

师：他说铅笔盒上有个面。（手拿一学生的铅笔盒）这个面我们叫什么面？

生：铅笔盒的表面。

师：（边指边请学生说）这是铅笔盒的上面。这是铅笔盒的下面。这是铅笔盒的侧面。

师：同学们，还有什么面是大家很熟悉的？

生7：书的封面。

师：请你拿起来。（指着书的封面）封面在哪里？这是书的什么面？

生：封面。

师：书的封面长在哪里？

生：长在书上。

师：这是书的封面，我们熟悉不熟悉？一天要用多少次呀？（板书：封面。）

生：很多次。

生8：镜子是有面的，镜面。

师：在镜子上的面，同学们熟悉吗？一天用多少次？（板书：镜面。）

生：两次。

师：同学们，还有什么面？

生9：窗面。

生10：门面。

师：还有小朋友没有和大家分享面，我们一起来启发一下他。这是什么面？

生11：墙面。

师：前面老师是请大家说，那么多人举手了，一个一个来不及说，现在我想请大家做一件事情，拿出草稿纸。

2. 画"面"

师：同学们，请把你想说的那个面画下来，让我们看看你想说的是哪一个面。（行间巡视。）

师：我看这个小朋友画了一个面，请大家看一下这位小朋友画的是什么面？

生：画了一副眼镜。

师：再看这位小朋友，我们来猜猜看他画的是一个什么东西。（投影展示，见下图。）

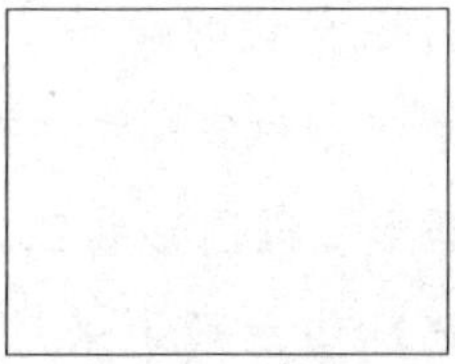

生：墙。

师：我们来猜猜他画的是一个什么面。

生：墙面。

师：大家都猜他画的是墙面。问问他是不是真的画了墙面？

生1：是墙面。

师：是哪一堵墙面呀？这一堵墙面画下来后是一个什么形呢？

生1：是个长方形。

师：画的长方形是一个墙面。我们把墙面画下来之后，就得到了一个长方形。(板书：长方形。)

师：你看如果这个小朋友不画眼镜，只画一个镜面，这个镜面是什么形的？

生：圆形。(教师板书：圆形。)

师：还有谁想来展示一下自己画的面，让大家来猜一猜你画的是什么面？要和黑板上的不一样。

师：注意不能画一个东西，得画一个面。我们要看谁画了一个面，而不是画了一张凳子，画了一张床。

师：这个小朋友画了一个面，大家猜猜看他画的是什么面？

生2：地面。

生3：桌面。

师：有人说是地面，有人说是桌面，那她画的到底是什么面呢？请你来说。

生4：门面。(教师板书：门面。)

师：门面也好，镜面也好，桌面也好，画的都是什么形？

生：长方形。

师：同学们，刚才我们把看到的面画了下来，发现这些面画下来之后可能是什么形？

生：可能是长方形、圆形、椭圆形和正方形。

师：(小结) 当我们把这些面画下来后，就会得到一个一个的形状。各种各样的面就化成了各种各样的形状。

师：所以我想问大家一个问题，这个世界上是先有面还是先有形状的？

生：先有面。

师：我们把面一个个画下来就有了形状，所以是先有面。

师：刚才我们做了两件事情，一件事情就是和大家分享自己很熟悉的一个面，我们发现桌面很熟悉，地面很熟悉，墙面很熟悉。同学们，面多不多？

生：多。

师：说得完吗？

生：说不完。

师：面这么多，你有什么感受要和大家分享？

生5：想给它们分分类。

师：怎么分？

生5：把一样的形状分在一起。

生6：把能想到的面都记下来，还要继续找没有想到的面。

生7：把这些面画下来后再分类。

师：把这些面画下来后，它们就能变成一个一个的形状。

生8：把这些按照大小分。

生9：可以把面按照用途来进行分类。

师：刚才我们在找面的过程中发现的面多不多？

生：多。

师：一眼看过去都是面。有没有感受到我们其实是生活在一个什么世界里？

生：面的世界里。

师：我们早上是躺在哪里？

生：床面。

师：盖着一床被面。起床了，走在地面上。一走进教室，一眼看到的都是面，分为上面、下面、左面、右面、前面、后面。其实我们就是生活在一个面的世界里。(板书：面的世界。)

师：想到我们就是生活在一个面的世界里，你的心有何感？

生10：有点惊讶。

生 11：第一次发现有这么多的面。

生 12：不可思议。

生 13：突然感觉我们生活的地方不一样了。

师：原来都是一个一个这样的面，这说明我们变得聪明起来了，脑会思考了，心有感受了。

师：他感受到了惊讶，他感受到了不可思议，他突然发现我们都在面里，这叫心有所感。我们找到面后有这么多感受，我们把这些面画下来就得到了形状，可以是长方形、圆形，还有其他各种各样的形状。

师：同学们，所以我们才发现先有面后有形状。把面画下来就是一个一个的形状。

师：同学们，让我们再回到这里，这是什么面？(指着板书回顾。)

生：桌面。

师：长在哪里？

生：桌上。

师：地面长在哪里？

生：地上。

师：这是什么面？

生：门面。

师：长在哪里？

生：门上。

师：同学们，你们有什么感受要和大家分享吗？

生 14：我们人身上有面。

生 15：面是无处不在的，只要仔细观察就能发现无数的面。

师：你能得出什么结论？

生 16：面都长在什么东西的上面。

生 17：这个面都是长在物体的前后左右上。

生 18：一个物体可能不只有一个面。

师：发现面都是长在哪里的？

生：面都是长在一个物体上的。(教师板书见下图。)

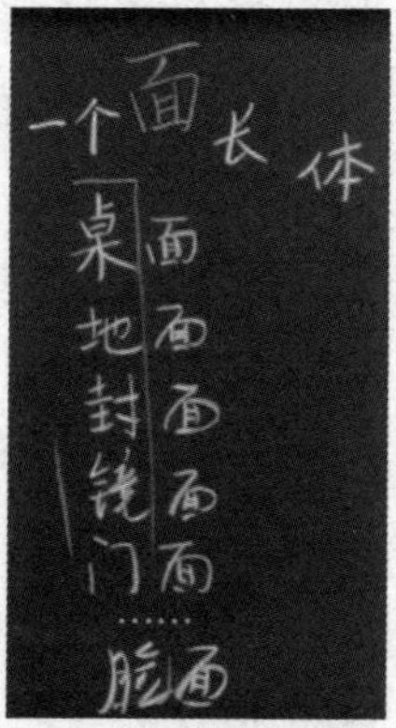

师：这个发现太了不起了，这就是科学家的水平，我们发现面都是长在物体上的。

师：如果没有脸还有脸面吗？如果没有墙还有墙面吗？如果没有地还有地面吗？

生：(齐摇头) 没有……

师：(小结) 我们发现面一定是长在物体上的。这个发现是很了不起的，刚才那么多的思考成果都很了不起。

3. 分“面”

师：我们继续往下思考，现在黑板上有什么面？

生：(齐答) 桌面、地面、封面、镜面、门面、脸面。

师：在这些面中，哪个面最特别？

生：脸面。

师：脸面特别在哪里？

生 1：脸面是在人身上。

师：其他的面也都是长在一个东西上。

生 2：脸面有温度。

师：桌面是没有温度的，脸面有温度。

生 3：脸面是不平的。

师：这些面当中只有这个脸面是不平的。

师：同学们，在这些面当中脸面最特殊，它是凹凸的，它是有变化的，它是有温度的，其他面都没有这些特点，因此，我们给其他面一个名称——平面。(板书见下图。)

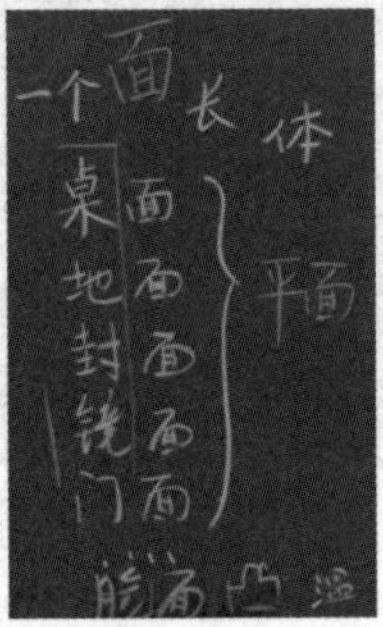

师：那如果这些面（指除脸面的面，后同）是平面，这个脸面叫什么面？

生：凸面。

师：你们喜欢怎么叫就怎么叫。总之。这些面没有温度，这些面很平，这些面不会变大变小，不会伸缩，是平面。这些平面画下来后的图形叫作什么图形？

生：平面图形。

师：(小结）把这些平面画下来后的图形叫作平面图形。(板书：平面图形。)

4. 撕“面”

师：小朋友们，我们接着往下思考，面都是长在哪里的？

生：物体上。

师：那能不能把这个面从物体上拿下来呢？

生：(齐答）不能。

师：都说不能。

生 1：桌面是拿不下来的。

生 2：脸面是拿不下来的。

生 3：封面是能撕下来的。

师：现在问题来了，有些小朋友说桌面、脸面是不能拿下来的，这个小朋友说他能把封面拿下来。那么现在我给他一本书，让他把封面拿下来给你们看一下。

师：这本书有封面吗？请你把封面拿下来。

学生撕下了书的封面。

师：她已经把封面拿下来了，小朋友们同意吗？

生 4：它原来的封面被撕下来了，但是现在这个面又变成了封面，封面就是一本书最外面那个面。

师：他的意思是封面在不在？

生：在。

师：只是封面的样子原来是蓝色的，现在变成了白色。有没有撕下来？

生：没有。

师：那你们现在告诉我，你们是支持能撕下来呢，还是支持不能撕下来呢？

生：不能。

师：封面是撕不下来的对不对？我们把这个封面撕下来之后，里面还有封面吗？

生：有。

师：什么时候封面没有了呢？

生：书没的时候封面就没了，只要书在封面就在。

师：能撕下来吗？

生：不能。

师：他撕的是一张纸，她撕的也是一张纸。只要把它撕下来，它就变成了一张纸，书的封面还在不在？

生：在。

师：除非是书没了，要不然它的封面一直都在。

师：（小结）面是撕不下来的。我们能撕的就是一张纸，要不就是墙纸，要不就是地板纸，要不就是封面上的一张纸。我们能撕的只是一张纸而已，而不是一个面。

环节二　去伪存真，理解属性

1. 辨析“轻重”

师：现在问题来了，请问面有重量吗？（板书：重量。）同桌两人互相讨论，请发表一下你的见解。

生1：面有重量，但是感受不出来。

生2：面没有重量。

师：我们现在认为面有重量的同学有好几个，认为没有重量的也有好几个，怎么办呢？

生3：面是长在物体上的，物体有重量，面也有重量。

师：他说面是长在物体上的，物体是有重量的，物体是由面组成的，物体的重量就是面的重量，同意吗？

师：举个例子，面长在哪里？

生：长在纸上。

师：谁有重量？

生：纸有重量，面没有重量。

师：这张纸由两个面组成，假设把这张纸撕下一个面——注意你能撕下一个面吗？

生：不能。

师：这两个面中间有东西吗？

生：有。

师：所以重量来自哪里？来自中间的实体部分，对不对？

生4：一个物体是由很多面组成的，但是这些面中间一定是有东西的。

师：这些面中间是有东西的，这个东西叫作体。

师：两个面中间的实体部分就是体。你看这个脸面，中间有没有东西？

生：有。

师：（小结）重量来自肉，而不是来自脸面。我们发现重量来自体，在脸面里面就是肉，而不是来自面，因此面是没有重量的，有重量的是体，面在体上。

2. 辨析“长短、大小”

师：现在这里有一个封面，当两个面放在一起的时候，我们是比它们的大小呢，还是比它的长短呢？你认为比较什么是合理的？

生1：长短。

生2：大小。

师：有人认为应该比长短，有人认为应该比大小。

生：(齐答）比大小。

师：为什么要比大小？说说理由。

生3：我觉得面的多少是和大小有关的。一个物体又细又长，一个物体很宽却没有那么长，但是有可能是很宽的物体面积大一点。(教师板书见下图。)

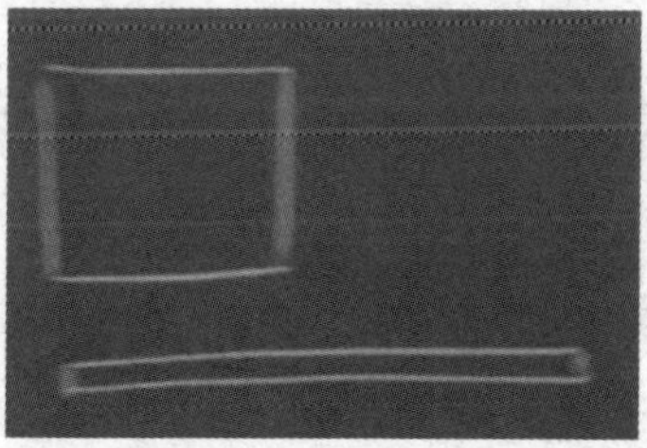

师：它又细又长，它又短又宽，所以比长短不合适，应该比大小。因为长的不一定面大，短的不一定面小，所以面是比什么的？

生：面是比大小的。

3. 形成结论

师：面是论大小的，不是论长短的。通过刚才的讨论，我们发现面是没有重量的，面是论大小的，面不论长短。(教师板书见下图)

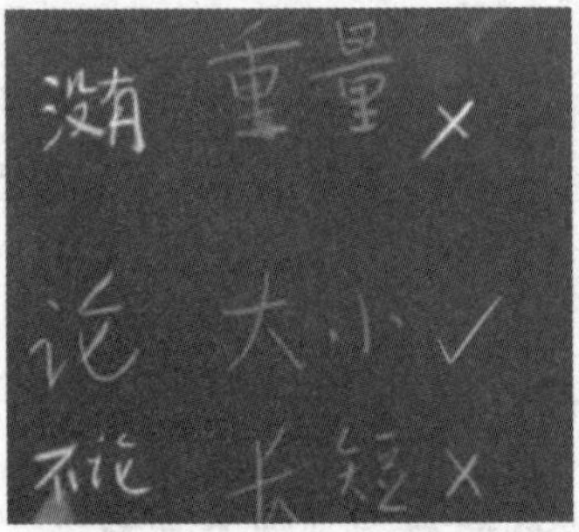

师：今天这节课我们都在讨论面。这节课的主角是面，面是论个的。面都在物体上，把面画下来后都是一个一个的形状，面里有一个特殊的面叫脸面，其他面都叫作平面——能撕下来吗？

生：(齐答) 不能。

师：因为撕不下来，所以有没有重量呀？

生：(齐答) 没有。

师：把两个面拿来比较的话，是比较什么呢？

生：(齐答) 大小。

师：所以面的属性是什么？

师：面的属性就是它的大小，大小是面的属性。

环节三 水到渠成，引入面积

师：这节是什么课啊？

生：(齐答) 数学。

师：我们刚才有没有讲数学？今天老师要给大家讲一个数学的概念。(板书：面积。)

师：这个概念有没有听到过？

生 1：就比如说有一个大的正方形，用一个小正方形填起来。

师：填起来就是面积？面在形上是吗？

师：我们今天发现是先有面的还是先有形的？

生：先有面。

师：形从哪里来？

生：从面上来。

师：还在哪里遇到过面积？

生 2：爸爸妈妈在买房子的时候。

师：爸爸妈妈在买房子的时候都是买什么的？

生：买面积。

师：你们家的房子比我们家的房子要多几个平方米、少几个平方米。面积的主角是谁呀？

生：面。

师：面积的主角是面，面是论大小的，什么叫面积呢？

生 3：面的大小叫面积。

生 4：桌面的大小是桌面的面积。

生 5：地面的大小是地面的面积。

生 6：封面的大小是封面的面积。

生 7：镜面的大小是镜面的面积。

师：这就是今天学的数学知识，它叫作面积，面的大小叫面积，面在体上。

环节四　沟通联系，课堂总结

师：同学们，这节课学下来后你心有何感？

（略）

从技巧的“死”到方法的“活”

——以“植树问题”为例

我们经常会说到“死”读书与“活”学活用，那么，到底死读书是怎么发生的？如何才是活学呢？我们需要举个例子来说明白。

“问渠那得清如许？为有源头活水来。”有源头的学习，有来龙去脉的学习，是“活”的学习。相应地，碎片化的、没有来龙去脉的学习，技巧化的、以程序操作为特征的学习，很可能是“死”的学习。

“死”的学习，知识间是割裂的，不仅知识间割裂，与学生们的生活经验也是割裂的，自然与社会实践也是割裂的。“活”的学习，知识间是融合的，自然与学生们的生活经验、与学生们的生活实践也是融合的。

说一千不如做一件。

种子课

知识是如何被教“活”的

我们经常听到一种说法：叫“学死了”，或者叫“学活了”。到底怎么样算“学死了”？怎么样又是“学活了”？今天以“植树问题”为例，说明这件事情。

一、“学死”：源于套路的僵硬

在数学学习中，前人概括了许多的公式或数量关系式，因此，数学学习便经常有些“套路”。套路上手快，不管为什么，不管来龙去脉，按套路走容易做对，容易拿分。老师们在讲这些套路时，经常会说一句话：“不要管它为什么，只要记住这样做就对了。”

学生在解决植树问题时，通常是按下列流程进行的：

（1）仔细读题，确定是植树问题。

（2）明确是植树问题三种情况中的哪种情况，写出相应的数量关系式。

（3）将数字代入关系式，列出算式或方程。

（4）计算并写好答句。

这个解题流程，即我们所说的“套路”。这个套路的核心是三种不同情况的关系式：

两头种：距离÷间距+1=棵数。

两头不种：距离÷间距−1=棵数。

一头种一头不种：距离÷间距=棵数。

按照这个套路，学生面对如下题目时会不知所措：

20米长，每5米种一棵树，共种几棵树？

为什么不知所措呢？因为这题目缺乏一个条件：是两头种？还是两头不种？还是一头种一头不种？

因为题目中没有写明白，所以学生不知道究竟该用哪个关系式，是加1？还是减1？或是不加不减？

试想：在具体生活中，谁会在布置种树任务时加一句："注意，是两头都种啊！"

是两头种，还是两头不种，属于哪种情况，一定是在具体的环境中的具体应对。对于种树任务而言，大致要求就两个：一是要种多长（或多大）的场地，二是树的间距是多少。

但是，只看这两个条件，学生是无法解决这个问题的。大概这便是一种"学死"的状态吧。

这使我想到了我曾经学习开车时的一段经历。

"倒车入库"是学习开车、领取驾驶证的一项基本内容。

在学习"倒车入库"的时候，教练告诉我：你看车盖上有个白点（那是教练特意粘上去的），当这个白点与××对齐时，方向盘就往左打死，然后回正……

我按照这个"法宝"考到了驾驶证。但是领到驾驶证之后，自己是不敢开车的，生怕出事。为什么？因为离开了考场，车盖上既无白点，车外也无"某物"，对方向盘往左打死的时机基本上无从把握。

所谓"学死"，大概就是只会面对标准的问题，应对标准的方法步骤。离开标准的问题、标准的方法步骤，便失去了活力。

进一步讨论，现在我在"倒车入库"的时候凭的是什么？还是那套程序吗？显然不是，是自己的一种感觉，我们把这种感觉称为"车感"。这种"车感"肯定是"活"的状态，而每个人的"活"的状态都是从个人的实践中悟出来的。

有人会说，"学死"有什么关系呢？每一个开车的人最后不都"学活"了吗？这么说，听起来似乎十分有道理。事实上，开车这件事情，因为是生活必需，所以不得不做。在不得不做的过程中，每一个开车的人，慢慢地都经过自己的琢磨而逐渐“活”过来了，这个“活”过来是由于“生活所迫”。

而植树问题，一旦“学死”了，学生便会因为混乱而害怕这类问题，逃避这类问题，最后逃避数学，这便是知识学习与生存学习的不同。

所以，那样的驾驶证学习，尽管不好但可能无须改善。而我们的知识学习，一定要考量，如何不把知识给“学死”。

二、“学活”：厘清知识的来龙去脉

为有源头活水来。

植树问题的源头活水是什么？这个源头活水是如何流进植树问题的？又是如何带着植树问题流向更宽广的问题解决的？我们用三次“学以致用”厘清这个问题的来龙去脉。

学用之一：平均分，种树种在点上的

1. 复习

材料：20 米长，每 5 米分一段，共分几段？

序一：这个问题怎么解决？

20÷5。

序二：为什么用除法来解决，而非加法、减法、乘法？

5 米一段，5 米一段，这是在做一件平均分的事情，所以用除法。

序三：画成线段图后是怎样的？（见下图）

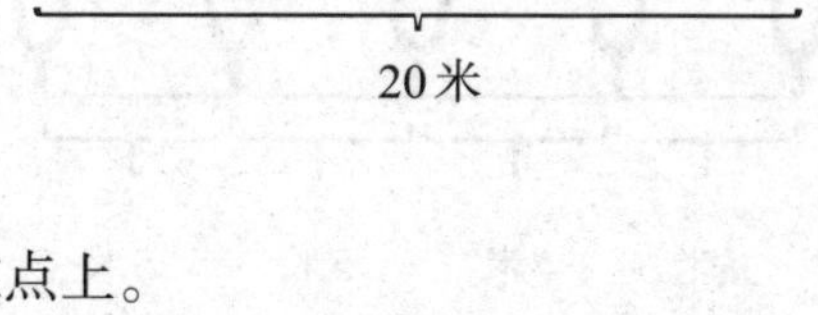

2. 新授

（1）种树种在点上。

材料：20 米长，每 5 米种一棵树，共种几棵树？

序一：这个问题怎么解决？

学生通常会争论，不知是4还是3或是5，主要是不确定三种情况中的哪一种，于是干脆说缺条件，这便是在外面培训班“学死”的结果。

序二：以材料的线段图为例，讨论如何种树。

种树方案一：4棵，种树种在中间，间距5米。(见下图)

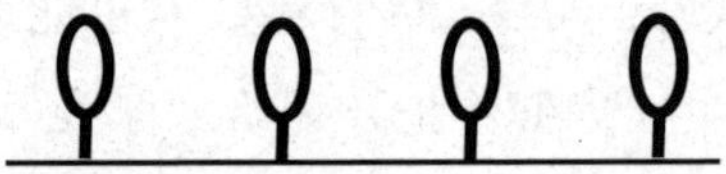

种树方案二：5棵，种树种在点上。(见下图)

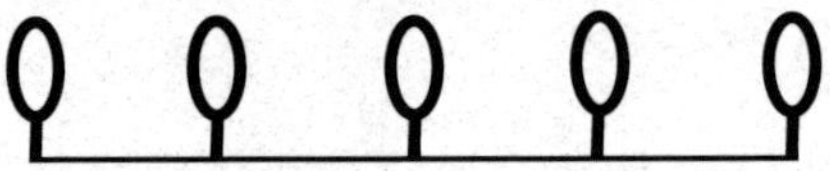

种树方案三：4棵，种树种在点上。(见下图)

序三：讨论三种种树方案，哪种方案符合20米长、每5米种1棵树的要求。

种树方案一：种了15米，每5米种一棵，不符合要求。(见下图)

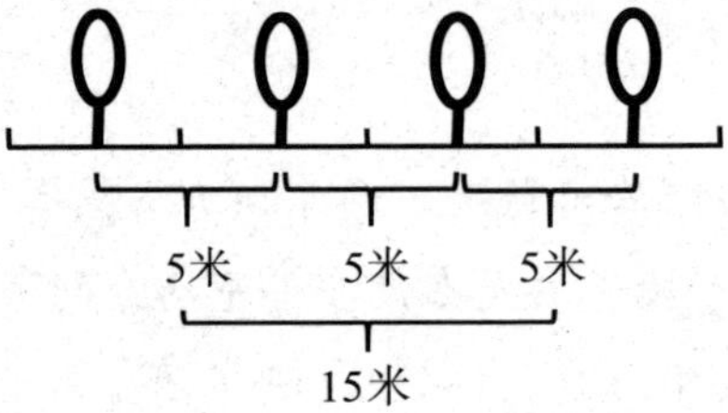

种树方案二：种了20米，每5米种一棵，符合要求。

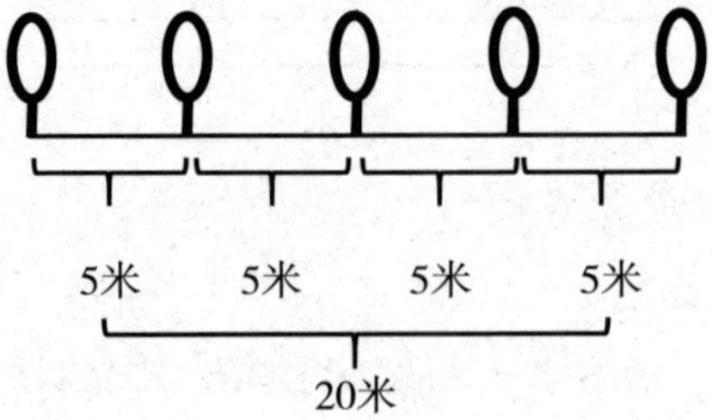

种树方案三：种了 15 米，每 5 米种一棵，不符合要求。

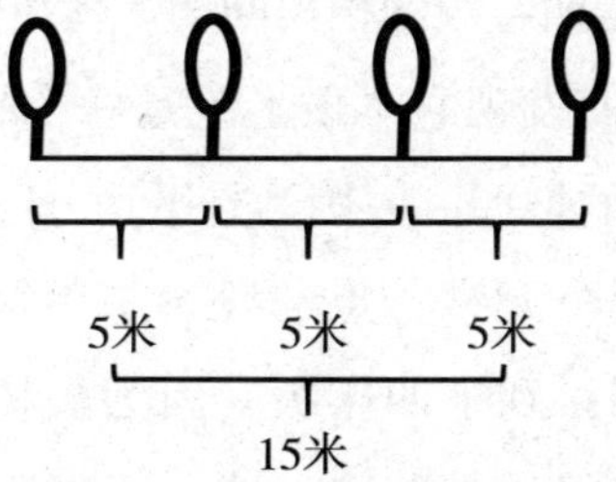

结论：方案二符合要求，一共 5 棵，种树种在点上。

（2）平均分的点数比段数多 1。

材料：

①20 米长，每 5 米分一段，共分几段？

②20 米长，每 5 米种一棵树，共种几棵？

序一：这两个问题的相同点与不同点分别是什么？

相同点：这两个问题本质上都是平均分的问题。

不同点：问题①是求平均分中的段数，问题②是求平均分中的点数。

序二：一段几个点？两段几个点？三段几个点？

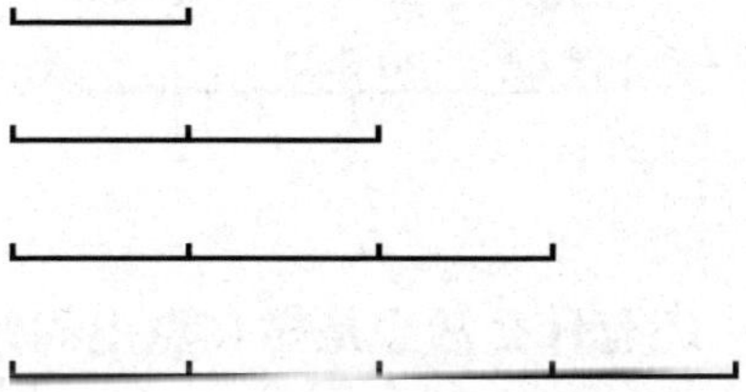

点数比段数多 1（段数+1=点数）。

（3）植树问题的解决模型。

序一：植树问题为什么用除法来解决？

因为植树问题本质上是平均分的问题。

序二：植树问题为什么要在平均分的基础上加 1？

因为植树是植在点上的，点数比段数多 1。

【分析】至此，学生完成了第一次学以致用的经历。“学”的是二年级的平均分，“用”的是四年级的植树问题。植树问题是个生活问题，透过生活问题的表象，我们发现它本质上就是一个平均分的过程，平均分是数学对这类生活问题的把握——因为是平均分问题，所以用除法。

平均分问题带来两个元素：点与段。二年级的时候，点与段混淆在平均分中，没有区别；到了四年级，因为植树问题，点与段这两个元素从平均分问题中变得清晰起来，这个清晰的过程也是学生深化理解平均分的过程。

在第一次学以致用的过程中，形成如下图所示板书。

四年级时的“用”	平均分 ←	二年级时的“学”
点		段
② 20米长，每5米种一棵树，共种几棵？		①20米长，每5米分一段，共分几段？
20 ÷ 5=4（棵） 4+1=5（棵）		20 ÷ 5=4（段）

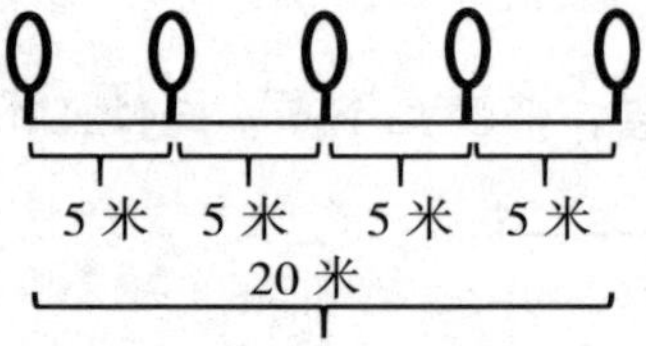

学用之二：点与段，还有什么活也是做在点上的？

任务：刚才我们研究后发现，植树问题其实就是平均分问题，因为种树是种在点上的。请大家思考一下，这世界上除了把树种在点上，还有什么活也是做在点上的？

生 1：环卫工人在街上摆放垃圾箱。

生 2：电力员工立电线杆。

生 3：学校里插红旗，爬楼梯。

生 4：排队，摆凳子，摆杯子，挂灯笼……

生5：高速公路上建服务区，地铁上建站。

生6：美国选总统。

……

【分析】对这个问题的讨论，使学生们从这节课学的植树问题上拓展开，“学”的是植树，“用”的是摆垃圾箱、挂灯笼、建服务区等等，从一个具体的植树问题到一类现象。通过这一次学以致用的体验，学生们发现，植树问题是一个十分普遍的问题，原来生活中有那么多事其实都是数学的平均分问题，都是做在点上的。

学用之三：细加减，具体问题具体办。

任务一：今天我们要派出第一小组去植树，20米长，每5米种一棵树，要从老师那儿领几棵树苗？第一小组同学到现场一看，发现这块场地的一头被房子占了，怎么办？（见下图）

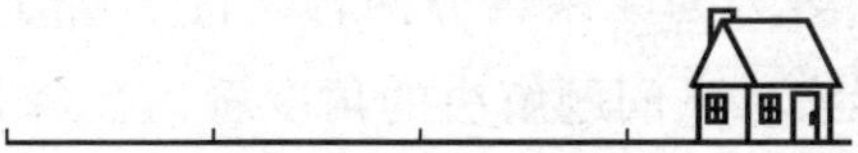

生1：把房子拆了。

生2：种房顶上。

生3：少种一棵。

结论：一个点被房子占了，就少种一棵，还一棵树苗给老师：20÷5+1−1。

任务二：现在派第二小组去植树，20米长，每5米种一棵树，要从老师那儿领几棵树苗？第二小组同学到现场一看，发现这20米正好在两幢房子中间，怎么办？

生：少种两棵。

结论：两端有房，说明占用了两个端点——20÷5+1−2。

任务三：现在派出第三小组去种树，20米长，每5米种一棵树，要从老师那儿领几棵树苗？他们到现场一看，大家猜，他们遇到了什么情况？应该怎么办？

……

结论：不论什么情况，关键是看有几个点被占了，就减去几个点，具体问题具体对待，即灵活机动。

三、讨论：套路“死”的原因是什么

前面展示了两个教学版本，“套路”基本上就是套用数量关系式且有固定流程，没有经历过三次学以致用的过程。讲套路“死”的原因时，不由自主地想到说书人常用的一句话：且听我慢慢道来。

（一）植树问题的根源在平均分

从平均分开始说。

平均分是对生活原型的概括。平均分这种运算在数学里用除法表示。平均分有有余等分与无余等分两种，将平均分表示为线段模型，则有点和段两个元素。从问题解决的角度看，有余等分对应的问题解决，我们称为“余数问题”。无余等分对应的问题分为两部分：

第一部分是段的问题，如价格问题、行程问题、工程问题等，基本格式是□÷□；

第二部分是点的问题，如植树问题，基本格式是□÷□ +1 。

将这段话连成树形图，是这样的（见下图）：

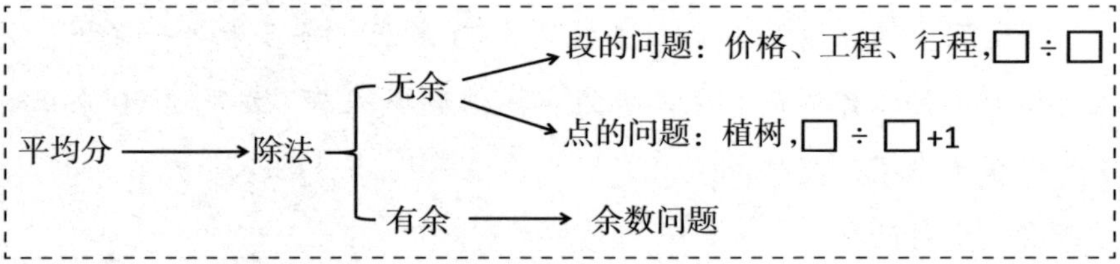

从这个树形图上来看，植树问题并非什么难的问题，与价格问题、工程问题、行程问题是同一个水平的问题解决。现在我们的教材普遍因为植树问题的难而弃植树问题于课外或置植树问题于“数学广角”

之中的原因，正是没有理解植树问题的根源在于平均分的点。

（二）植树问题的基本法与变法

植树问题作为一类问题解决，有其较为固定的方法，我们称为基本法。其基本法作为运算可以描述为：□÷□ +1。

但是在实际的劳动情境中，不同的情境要有不同的应对，比如：

一头有房就需要少一棵树，因为有一个点被房占了，得到下列运算：□÷□ +1−1；

两头有房就需要少两棵树，因为有两个点被房占了，得到下列运算：□÷□ +1−2。

由此可见，在现实生活中，不管遇到什么事，只要思考几个点被占了，或者说少了几个点，减几，就可以了。

一头有房与两头有房是我们列举的例子，实际情况并不止这两种，还有很多种。不管哪一种，万变不离其宗，只要思考少几个点即可。这样，学生在学习植树问题的时候就算学遍了，学遍了就会从容、淡定。

（三）熟能生巧后的技巧成了套路

植树问题的“理”是平均分。

植树问题的“法”有基本法与变法。

“理”是一以贯之的，“法”是千变万化的。

所有的“法”在实践一段时间后，学生大致都可以熟能生巧，总结出一些技巧，植树问题也是如此。方法用久了之后，可以总结出大致三种情况。（见下页图）

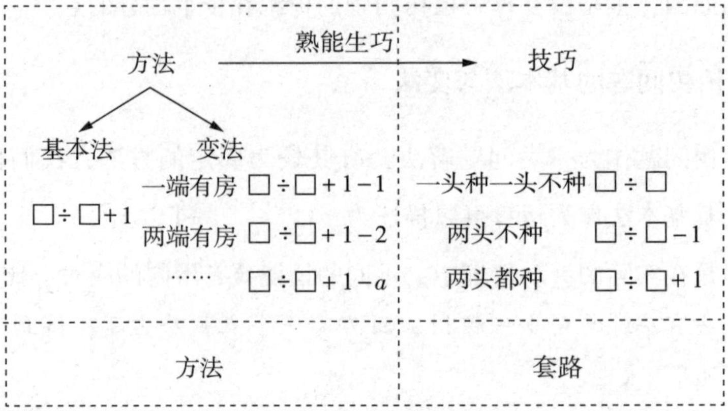

通过以上分析，我们基本明白了植树问题的来龙去脉。(见下图)

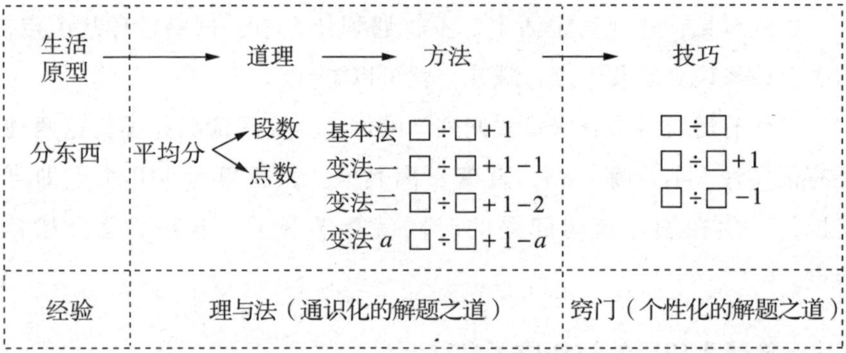

套路的特点就是简单有效，将前人经历过的从理与法中提炼出来的技巧，当成教学的关键，省去了对理的感悟与对法的概括的思考过程，直接接受技巧。这种看似简单有效的教学割裂了知识间的来龙去脉，知识成了碎片，知识碎片越多，学生越容易忘记，这便是“学死”的原因。

正确的做法是从生活原型到道理再到方法的过程，由老师陪着学生一起经历，将技巧的得到过程留给学生本人完成。因为技巧是个人化的，方法是可通用的，道理是一以贯之的，我们的学习不要局限于那些个人化的东西。

（四）数学中类似的技巧教学

在小学数学中，有许多类似的技巧教学，比如：

看见“和”就“+”；

看见“每”就“÷”；

看见“共”就“×”；

看见“剩”就“-”。

这是一二年级用“+、-、×、÷”解决问题时候的技巧。

如果题目这样出：

小明昨天剩 2 根香蕉，今天剩 3 根香蕉，一共剩几根？

学生就非常纠结，看见“共”要用“×”，看见“剩”要用“-”，题目好像用“+”，怎么办？

再如，列方程解决问题时，学生经常不知道设谁为 x，老师又教给学生一些技巧：求谁就设谁为 x。

当出现需要设中间量为 x 的时候，学生又不会了。

……

在数学里，这样的“窍门”太多了，我们经常把这些“窍门”当成好方法，结果学生越学越混乱，以致乱成一个死局。

知识“学死”与“学活”的原因应该有很多，本文只是提出了许多原因中的一个。个人认为这个原因带有普遍性，且十分重要。从技巧回到方法原理中，学习就会有味道，这就是种子课的意义。

深度学习

让学生愿思考、能创造

学习和读书是为了提升、发展、创造，而不是死守着书本停滞不前。通常所说的“读死书、死读书、读书死”，就是把知识“学死了”，也把自己“学死了”。读书若不能体验学习之乐，不能与实践结合，便体会不到知识内在的深刻，也得不到表面功利的益处。深度学习，便是要改变如此这般“学死了”的状况，把书本上静态的知识变成动态的、活的、与人的思想和实践息息相关的东西，把知识教活、学活，让学生在学习中学会学习，愿思考，能创造。

一、绝不能把学生教成机器

书本上的知识是人类实践智慧的结晶，是人类文明的重要组成部分，是学生学习的主要内容。这些知识（在数学上主要表现为原理、定理、公式、数量关系式等）是抽掉了生动鲜活但又芜杂的实践过程细节的文字表述，在变得清晰、简明的同时，也变得抽象、干瘪、静态。没有文字表述，前人的成果就很难保存流传，但若把文字表述等同于知识而不探究藏在文字背后的道理，不挖掘其对学生成长的意义，那么，学生所学到的就只是知识的“影子”而非真正的知识，知识也失去了它存在的意义。

以小学数学“植树问题”为例，大多数教学的情形，都只是让学生看到了知识的“影子”，而没让学生见识到真正的知识，更遑论获得、占有、启智，正如俞正强老师在前文中所批评的那样。这样的教学教的是套路，只教学生如何套用前人总结的数量关系进行计算，不引导学生思考这个数量关系是怎么得来的、有什么意义，知识始终进不到学生的心里，变不成学生的血脉。在这样的教学中，学生似乎是等待被置入运算程序的智能机器，教学的成效似可用学生是否能运行新程序来衡量。在这样的教学中，不同的动作有不同的指令程序，程序之间互无关系，既不能迁移也不能生长。因此，一旦遇到陌生情境，学生就会因“不知所措”而“崩溃”，就像机器偏离了固定的程序而紊乱崩坏一样。这样的教学把人当作机器来教，把人教成了机器。

受了这样教育的学生，比没受过教育的人更不如。没受过教育的人，至少没受过荼毒和蹂躏，还保留着最朴素的生活智慧，只要知道两个条件“一个是要种多长（或多大）的场地，一个是树的间距是多少”，到现场去就会种树；而受了教育的人竟然不会种树了，这是典型的“学死了”。

所以，一定要改造我们的教学。不能因我们的教学而让学生讨厌学习、逃避学习，更不能让学生成为听令而行的刻板机器；要让知识活起来，成为学生观察生活、参与生活、创造美好生活的思想来源，让学生爱上学习，在教学中成长、成人。

二、“活化”知识，深化理解

俞正强老师在“植树问题”一课中，通过三次“学以致用”环节，使“复杂难懂”的植树问题变简单了，让知识活起来了，既实现了旧知识的转化、扩展与提升，也实现了新知识的迁移与应用，实现了知识的经验化和个体化，让书本知识变成与现实生活有关联的、学生能亲近的活性知识。在知识的“学用”过程中，学生是调动已有经验的主体、是学习的主体、是运用知识解决问题的主体，是在学习过程中收获成长的主人。这便是有教育意义的教学，是促人成长的教学，而非对机器的信息输入与输出。

“学用之一”，通过联想旧知识，把“植树问题”这个新知识转化为学生已经熟悉的平均分问题，即把“植树问题”归类处理，避免了将“植树问题”孤点化，使特殊问题普遍化、系统化、结构化——即运用已有的知识学习、解决新问题，使学生轻松愉悦地进入教学情境，对学习有兴趣，对自己有自信。

“学用之一”的复习环节所用时间不多，但作用很大，起到引入、铺垫、伏笔的作用。复习阶段的三个活动相互关联，层层递进。通过问题解决的方式，提示学生回忆、再现算法，讲清算理，并用数形结合的“线段图”埋下“段与点”之关系的伏笔，也为后面的新授环节提供了让学生感觉亲切的现成材料，简捷、清晰、流畅，经济、有效。

“学用之一”的新授环节的核心问题是解决段与点的关系，形成“植树问题”的基本模型。俞老师利用学生所画的线段图，引导学生想象种树方案、分析种树方案，从而提炼“树是种在点上”的经验，形成种树要种在“点”上的观念，为“点数比段数多1”的道理奠定典型化的经验基础。

接下来，俞老师的几个追问帮助学生进一步明晰点数与段数的关系。“这两个问题的相同点与不同点分别是什么?”“一段几个点？两段几个点？三段几个点?”这几个追问简单明白，是学生的现有水平可以独立完成的，目的就在于帮助学生对此前的思考做系统明晰的整理，让学生在意识层面清楚地知道这两份材料都是“平均分”，区别只在于求的是“段数”还是“点数”。“20米长，每5米一段，能分几段”与“能种几棵数”是段与点关系的一个特例。通过更多的对“段与点”的分析，引导学生自己归纳出“点数比段数多1”，形成基本的数量关系即“段数+1=点数”。至此，植树问题的模型就呼之欲出了。

俞老师带领学生建立的植树问题解决模型，将学生的“段—点”关系模型化了。这种模型表示，渗透着建模的初步思想，让学生体会生活中的数学以及数学对生活问题的观察、概括与解决。

植树问题是一个生活问题。数学学习中的这类生活问题，既来自生活，又是数学知识的生活运用，目的是帮助学生建立起数学与生活的关系，打通数学与生活的隔阂，并通过生活问题的解决，提升和扩展数学基础知识。这个目的，在俞老师的这节课上很好地实现了。俞老师进而分析道：“平均分问题带来两个元素：点与段。二年级的时候，点与段混淆在平均分中，没有区别；到了四年级，因为植树问题，点与段这两个元素从平均分问题中变得清晰起来，这个清晰的过程也是学生深化理解平均分的过程。”在俞老师的这节课上，植树问题不只是平均分的生活应用，它本身就具有不可替代的数学教学价值。没有植树问题，学生很难如此明晰地理解段与点的关系。所以，植树问题是“学生深化理解平均分”的重要材料，是表示“段与点”关系的基本模型。

俞老师设计的“学用之二”将“学用之一”形成的“段—点”关系在更多样的情境中进行运用、扩展，使植树问题“浮现”出来，成为一类题目的代表，成为学生理解这类问题的一个基本模型。经由这个模型做中介工具，学生体会到生活中处处都有平均分，处处都有“植树问题”，让原本模糊的生活一时间明了起来，让学生拥有了观察生活的数学之眼！

俞老师设计的“学用之三”是“段—点”关系基本模型的变式，是“段—点”关系本质的进一步巩固和深化，同时也是数学知识生活化、经验化、个性化的重要一步。通过“实操种树”让学生明了程式化的“两头种、两头都不种、一头种一头不种”是怎么来的，让程序化的数量关系具备了生活的“活”的基础而不是一堆“死”的教条，让学生具备举一反三的能力，具备创造性解决陌生问题的信心与愿望。

三、庖丁解牛：道也，进乎技矣

俞老师批判的那种套路式教学，说到底就只是把结论直接告诉学生而已，它剥夺了学生探索和思考的过程，也剥夺了学生确证自己主体力量、体验自信和尊严的机会。这样的教学，把学习结果当作学习内容，没有认真做知识与学习对象及学习材料的区别与转化；这样的教学，不知道学生在哪里，不知道学生能够操作什么样的材料、需要经历怎样的活动才能掌握知识、理解知识的内在价值；如此教学的教师，对学科缺乏深入的认识，对知识的本质、基本样态及典型的变式缺乏应有的认识，是糊涂不清、没有主张的。表现在课堂上，就是对知识做简单粗暴的平移和传输；学生是否把握了知识的内涵与意义，学生获得了什么、发展了什么，被有意无意地忽略了。这样的教学是典型的“教死书”“不育人”，把本来有育人价值的活的知识教成了只需储存的死知识。

俞老师说得好，这样的教学“将前人经历过的从理与法中提炼出来的技巧，当成教学的关键，省去了对理的感悟与对法的概括的思考过程”。“这种看似简单有效的教学割裂了知识间的来龙去脉，知识成了碎片，知识碎片越多，学生越容易忘记，这便是‘学死’的原因”。真正的教学，是要把静态的知识动态化，让学生在主动活动中把握知识的来龙去脉，经历知识和技巧形成的过程，理解“理”与“法”的关系，建构起自己的认知结构，形成实践问题解决的一般模型——这正是深度学习所关注和倡导的。

俞老师的“植树问题”一课是体现深度学习的典型课例。正如俞老师所说，多个版本教材将“植树问题”置于课外或放入“数学广角”的原因，是教材编写者认为这个内容难，教师不好教、学生不易学。为什么俞老师能够轻易化解这个难题呢？俞老师的做法令我想起“庖丁解牛”。庖丁说：“臣之所好者，道也，进乎技矣。”他追求的是“道”，虽然他的“技”也很高，但支撑“技”的却是他所追求的“道”。他“以神遇而不以目视，官知止而神欲行”，他所见到的是解牛（教学）的根本，而不是只看“牛”的外形，他对牛的结构与刀的关系有深刻的理解——“彼节者有间，而刀刃者无厚；以无厚入有间，恢恢乎其于游刃必有余地矣”——因而能够把握规律而做到游刃有余。俞老师如庖丁，他既有深厚的学科知识，也有对学生的深切了解，对学生的学习困难有心心相印的体悟，能够“依乎天理”进行教学，将“植树问题”转化为“平均分”的问题，又落实到“段数与点数”的关系突破上，让学生在自主思考和经历的基础上，解决实际问题，形成“植树问题”模型，发展自己的思维力和创造力。

说到底，学生深度学习的发生，需要有能够“明白”学生之“明白”的教师来引导。

附：课堂教学实录

【教学年级：四年级；教材版本：北师大版】

环节一　复习平均分

1. 呈现材料

师：老师把题目写在黑板上，我们一起来读一读。

20 米长，每 5 米分一段，共分几段？

师：这道题目，会做的同学请举手。

三位学生未举手。

师：我们再来读一遍题目，会做的请举手。

全班学生举手。

师：请你来告诉我们怎么做。

2. 交流讨论

生 1：我觉得是 20 米加上 5 米。

师：他用加法来做，20+5=25，可以分成 25 段？

生：不对。

师：我们再来一起读一遍，读慢一些。你来说一说。

生 1：用除法，20÷5=4，所以是 4 段。

师：为什么这道题目要用除法，而不是加法？

生 2：除法的意义是把一个数分成几份，而这里是“20 米长，每 5 米分一段，一共要分几段？”所以用除法。

师：20 米，5 米一段，5 米一段，在做一件什么事情？

生：平均分。

师：平均分用什么解决？

生：（齐答）除法！

环节二 建立“植树问题”模型

1. 呈现材料

师：现在我们一起读一读第二题。

20 米长，每 5 米种一棵树，共种几棵树？

生：（齐读）20 米长，每 5 米种一棵树，共种几棵树？

师：现在在做什么事情？

2. 学生讨论

生 1：种树。

生 2：平均分。

生 3：平均分。

生 4：种树。

师：有的同学认为是种树，有的同学认为是平均分。题目已经告诉我们是在种树了，说平均分的同学为什么认为是平均分呢？

生：因为这个和第一题差不多。

师：你们说的都对。5 米一棵、5 米一棵就是在种树，在平均分。现在我们连起来说一说，在干什么事？种多少？怎么种？

生：（齐答）种树；20 米；5 米种一棵。

师：5 米种一棵、5 米种一棵就是在做什么事情？

生：（齐答）平均分。

师：粗一看，种树；细一看，平均分。请问这道题目用什么方法来解决？

生 5：除法。

生 6：除法。

生 7：除法。

师：几除以几？

生：20÷5=4（棵）。

师：［板书 20÷5=4（棵）］同学们，种 4 棵树。

生：不对！

师：哪儿不对？

生 8：应该再加 1 棵。

生 9：应该再加 2 棵，因为头和尾都种。

生 10：加 1。

生 11：加 1。

师：为什么不能加 2？

生 12：加 2 就多了。

生 13：5 米一棵，首先 0 米种一棵，再隔 5 米种一棵，到 20 米的时候就是第五棵了。

师：你说得很有条理，我想了解一下我们班有没有同学学过植树问题？

大部分学生举手。

师：请你上来说一说老师是怎么教的。

生 14：看自己的手指头，隔 5 米种一棵，一共有 4 棵，但是开头是空着的，所以还要再加上一棵。

生 15：忘记了。

3. 得出结论

师：不管外面怎么学，现在我们把它全部忘记，重新开始。这道题目，为什么是 5 棵，而不是 4 棵？

师：看黑板，这是几米？我们要种 20 米，怎么种？（见下图）

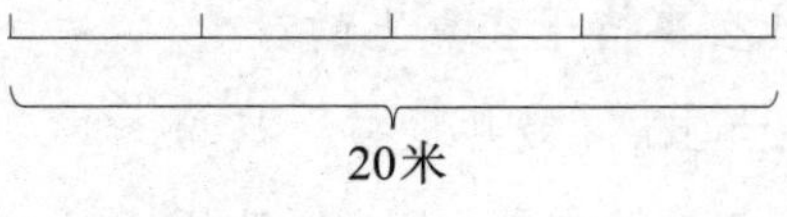

生：20 米，每 5 米种一棵。

师：5米一棵，5米一棵……（边说边画）一共是5棵。（见下图）

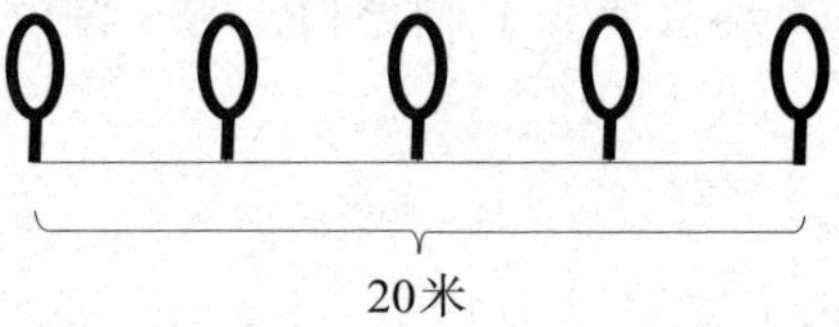

环节三　区分“段”与“点”

师：现在我们来比较这两道题目，这两件事情的相同点是什么？不同点是什么？

生1：它们的计算是一样的，都用了除法。

师：是的，它们都在干一件平均分的事情，这是它们的相同点。不同点在哪里呢？

生：种树还要加1。

师：为什么种树要加1？

生2：平均分是一段一段的，种树是种在每个点上的，所以要加1。

师：分绳子是一段一段的，种树是种在点上的。点多还是段多？

生：（齐答）点多。

师：（边引导学生边说）一段有2个点，两段有3个点，三段有4个点，四段有5个点，点总是比段多1。段加1就是点，所以种树要加1。

环节四　泛化植树问题，抓住本质

师：我们把这两道题目放在一起，植树问题本质上就是平均分问题，只不过树是种在点上，所以要加1。除了植树工人把树种在点上之外，还有什么人把什么事情干在点上的？

生1：把花种在点上。（教师板书：花。）

生2：公交站站点是做在点上的。（教师板书：站。）

师：一条大马路，5千米一个站点，5千米一个站点。还有吗？

生3：房子。

师：房子一幢一幢也在点上，非常好。

生4：摆桌椅。

师：桌子一张一张，就像摆在点上一样。

生5：椅子。

生6：桩子。

生7：计划。

师：7点吃饭，8点上课，9点上课，计划也在点上，它叫作时间点。

生8：教室顶部的灯。

师：人、时间、灯都在点上，讲得完吗？这么多的事情全都像种树一样做在点上，本质上就是一件什么事情？

生：（齐答）平均分。

环节五　植树问题的应用

1. 一端有房子

师：现在我们要真实地来种树了。我们要种20米长，每5米种一棵，现在请这一列的小朋友起立。（指着第一位学生）你是小队长，你要向老师领多少棵树苗？

生1：5棵。

师：队员认为对吗？

生：对！

师：老师给你们5棵树苗（递上5只粉笔），现在这6个人走在场地上，结果发现20米的一头有一间房子，请问你们会怎么办？

生2：在房子后面种一棵。

生3：隔着门种一棵。

生4：在房子里面种一棵。

生5：从剩下的土地里面分。

生 6：在其他地方再种一棵。

生 7：把树种在烟囱里。

师：同学们，我分析了一下，一共有三种答案。第一种是挨着房子种，第二种是不种，第三种是在房子里面种。你们觉得哪种方法好？

生 8：挨着房子种。

生 9：不种。

师：为什么挨着房子种不好呢？

生 9：因为这样就不是平均分了。

师：因为房子有长度，达不到 5 米，所以对这个点就放弃了。那就是种几棵？

生：4 棵。

师：而且如果挨着房子种，这棵树长大了会让房子不安全，同样种在房子里面也不合理，所以最好的方法是不种。那你就要还给我一棵树（拿走 1 根粉笔），因为这个点被房子占了。

师：同学们，一头有房被占了一个点，所以要还回来 1 棵，一共种 4 棵。（板书：一头有房，−1。）

2. 两端有房子

师：现在又要去种树了，一共是 20 米，每 5 米种一棵。结果走到场地上发现，20 米的另外一头也有一幢房子，现在要种几棵树？

生：减 2，种 3 棵。

师：因为两头都有房子把点给占了，所以要减 2。（板书：两头有房，−2。）

3. 圆形场地

师：以此类推，发生了更复杂的情况。还是 20 米，结果走到场地上，发现这个 20 米不是直的，是圆的，怎么办？（见下页图）

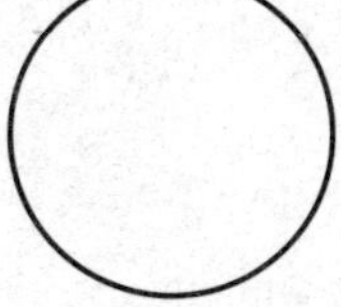

生 1：种 4 棵，我们绕着走一圈，发现回到了起点，所以起点只需要种 1 棵树。

师：少了 1 个点对不对？起点和终点重合了，减少了 1 个点。

师：最后，老师想问一个问题。请你们比较一下，今天我们学的植树问题和你们在课外学的植树问题有没有差别？差别在哪里？

生 1：在课外学的，虽然是用手指来说的，但我们没明白为什么要种 5 棵树而不是 4 棵树。

生 2：在课外学时老师教得很死板。

生 3：课外班的老师直接告诉我们：间隔数=棵数-1，棵数=间隔数+1，然后直接让我们套用公式来做题，很死板。

生 4：现在的课堂告诉了我们为什么这么做，知道了意思。

4. 总结

师：希望大家在学习时能够更多地用脑子去想，第一题是二年级学的，第二题是四年级用的。原来四年级用的就是二年级学的，只是用在了点上。我们之前学了要加 1，但真的到了场地上不能这么死板，还要具体情况具体分析。

贰 种子课达成深度学习的三个操作路径

· 在“对”的学习中原生出学习热情

· 在生活经验中改造出数学知识

· 在循序渐进中化解学习痛苦

在“对”的学习中原生出学习热情

——以“加法交换律”为例

学生们在学习中有一些令人困惑的表现：明明喜欢偷懒，但教给他们“偷懒”的方法之后，他们却愿意用更繁的方法去做，放弃那些可以使学习变得方便简单的方法。

运算律就是这样的一个典型。学生其实不喜欢用运算律来运算，哪怕更简便，除非考试的时候规定用运算律。否则，他们宁愿舍简就繁。这是为什么呢？

不要去怪学生，如果一个问题，多数学生都有，那原因一定不在学生，一定在老师的教学。

把数学教“对”，才是让学生保持热情的根本。

种子课

种子特质在哪里

运算定律（简称“算律”），是小学数学计算学习中的重要内容，在小学阶段常被用来辅助简便计算。简便计算，是让计算简单方便的窍门。照理说，小学生应该很喜欢才对。可事实上并非如此，许多学生其实挺害怕简便计算的，除非题目中要求能简便的必须简便，否则，许多学生宁愿不用简便计算，舍简求繁。对此，许多教师都有深刻的体会，这也是教师感到困惑的地方。认识以及破解这个问题，其根在于我们的教学，这里做一简单分析。

一、举例：“加法交换律”通常是这样教的

不同的教材虽然有些差别，但“加法交换律”的教学过程基本是一致的，大致分为以下几个环节。

环节一：发现交换位置和不变

（1）观察：7+8=15。

（2）观察：8+7=15。

（3）发现：7+8=8+7。

结论：两个加数交换位置，和不变。

环节二：概括 $a+b=b+a$

（1）举例：5+6=6+5。

（2）举例：10+8=8+10。

……

结论：$a+b=b+a$。

环节三：应用 $a+b=b+a$

（1）例题。

（2）练习。

环节四：小结（略）

整节课没什么困难，加法交换律的发现、概括、应用均可以在较短时间内完成；好像也没什么乐趣，因为对学生而言，得到 7+8＝8+7 的结论是一件不需要观察、不需要思考的事情，是一件理所当然的事情——这还需要发现吗？

但学生是不会把这种意识深处的感受表达出来的。他们依然装作很有发现的样子，应付着我们的老师。因为这一“加法交换律的发现”有个根本的缺陷：学生不知道这个发现的意义是什么。发现过程的无聊带来后面应用规律的无聊。

为此，我们需要思考：“加法交换律”应该怎么教？

二、思考：“加法交换律”应该怎么教

计算中有算理、算法与算律。

（一）算理与算法

算理主要解决为什么可以得到这个计算结果的问题。算法是对算理熟能生巧后的概括：怎么得到这个结果的。

比如：$\frac{1}{4}+\frac{2}{4}$。

算理是 1 个 $\frac{1}{4}$ 加 2 个 $\frac{1}{4}$ 等于 3 个 $\frac{1}{4}$，写作 $\frac{3}{4}$。

算法是分母不变，分子相加。

所以简单地说，算理解决“算得对”的问题，算法解决“算得快”的问题。

（二）算法与算律

算法是关于怎么可以得到这个结果。算律是关于怎么可以比较快

地得到这个结果。

算法与算律放在一起，算法解决“算得对”的问题，算律解决“算得快”的问题。

比如：15+98+75。

算法解决怎么得到这个结果：连加，从左到右依次计算。

算律解决怎么比较快地得到这个结果：15 和 75 可以凑整，先加 15 和 75。

须知，算律是对算法的一次叛逆。

再比如：98+15+75。

算法同样是从左到右依次计算。

算律是后两个数相加，再与第一个数相加。

算律依然是对算法的一次叛逆。

学生是先学算法，再学算律的。对学生而言，算法是一种大如天的东西，是十分神圣的东西，是与书本和老师权威相连的，怎么可以随便变来变去呢？

因此，算律的学习，必须向着学生的这个心理痛点而行，这个痛点正是算律的意义所在。

三、实践：“加法交换律”应该这样教

环节一：复习

材料：计算 12+25+76，41+15+17。

（1）学生自主完成。

（2）反馈讨论。

结论：连加，从左到右依次计算。

环节二：新授

材料：计算 45+78+55，77+66+13。

（1）学生自主完成。

（2）反馈。

（3）讨论。

45+78+55	45+78+55
=123+55	=45+55+78
=178	=100+78
	=178
77+66+13	77+66+13
=143+13	=77+13+66
=156	=90+66
	=156

讨论：书上说连加要从左到右依次计算，可以这样去换位置吗？

结论：连加是将三个数合并成一个数的运算，不管怎么合并最后结果都是合并，而且这样合并可以凑整，让计算又对又快。

环节三：练习

材料：计算 72+64+28，84+77−16。

（1）学生自主完成。

（2）反馈讨论。

结论：交换位置有两个条件（①连加；②能凑整）。

环节四：小结

结论：连加中，两个加数交换位置，和不变。

$a+b+c=a+c+b$。

【分析】这一教学过程，没有单独把加法交换律作为一个规律去“发现”，而是放在一个连加的运算环境中。这样有两个好处：

一是充分体会了交换位置是为了算得快，这是诱惑交换的力量。

二是充分体验了在连加中改变运算顺序的纠结困难，这是阻碍交换的力量。

诱惑交换的力量与阻碍交换的力量交织组成学生们学习这节课的乐趣，这也是这节课作为种子课的价值之所在。

解决这两种力量纠结的方法是回到运算意义中。什么是加法？加法是把两个数合并成一个数的运算。同样，连加是把三个数合并成一个数的运算。连加重要的是把三个数合并在一起，至于合并的先后顺序并不重要，只要不影响三个数的合并就可以。

这也许是学生们人生中第一次体验“变法”的过程，在变法的过程中，得到加法交换律。我们经常讲教书育人，这节课的育人的点正是在这里。

四、讨论：为什么“加法交换律”是种子课

小学阶段的运算律有：加法交换律、加法结合律、减法的性质、除法的性质、乘法交换律、乘法结合律、乘法分配律。

在这些运算律中，“加法交换律”这节课是具有“牵一发而动全身”的作用的：

加法交换律学好了，加法结合律基本就不用教了，因为理是同一个。

加法交换律与结合律学会了，乘法交换律与结合律顺手为之即可。

此外，有减法交换律吗？有减法结合律吗？

75-16-15=75-15-16，这应该是减法交换律了。

126-75-25=126-(75+25)，这应该是减法结合律了。

但书上不叫减法结合律，叫减法的性质。

最后，有除法交换律吗？有除法结合律吗？自然是有的。在连除算式中可以有除法交换律。连除中的除法结合律，也不叫除法结合律，叫除法的性质。

加法交换律如同多米诺骨牌的第一张牌，这张牌一倒下，后面五张牌便都倒下了，只剩下乘法分配律。乘法分配律怎么讲？我在《种子课2.0——如何教对数学课》中已经详细说明了，这里不再展开。

“加法交换律”这节课能否起到多米诺骨牌中第一张牌的效用，取决于我们是否真正上到了它的根。它的根在于“算律”两个字。

切记：算律教学有别于一般的规律教学。

让学生越学越想学

教学，本应让学生越学越想学，越学越聪明，越学越觉得知识有无穷的乐趣，越学越愿意学习新本领、开阔新眼界。但我们的教学却往往把学生教得越来越笨了，变得越来越不愿意思考、不愿意动脑筋，不愿意学习掌握新本领，只想着完成老师规定的题目就完事大吉。知识成为与学生无关的外在物，学习成了和自己无关的外部强加的任务。

追根溯源，这样现象的出现是与教学有关的。应该改造我们的教学，让学生越学越想学，越学越爱学，愿意接受新事物、挑战新困难。

一、照本宣科式教学，是僵死无趣的

俞老师举例介绍了“加法交换律”一课的通常教法，包括四个环节：先通过具体例证的计算，让学生发现两个加数“交换位置和不变”，再通过更多例证的计算将“两个加数交换位置和不变”概括为算律 $a+b=b+a$，之后则是应用此算律进行练习并做小结。仅从文字介绍来看，这样的做法似乎好得很，既有发现又有概括，既有具体又有抽象，既有新知的学习又有对它的应用，结构完整、环节清晰、步步递进。麻烦的是，对学生而言，这节课没困难、没挑战，没有投入学习的愿望。正如俞老师所说，在这节课上，“加法交换律的发现、概括、应用均可以在较短时间内完成；……对学生而言，得到 $7+8=8+7$ 的结论是一件不需要观察、不需要思考的事情，是一件理所当然的事情”。这节课所谓的“发现”只是老师的假设，而非学生真切的活动与感受，学生的学习没有真正发生。

我们猜想，这节课之所以这样处理，主要是由于执教教师对数学教学做了简单化的理解，把算律的抽象表达与具体的教学活动相等同，把逻辑上具有先后关系但事实上无法分割的加法交换律与结合律做了人为分割、分别来教。这样的处理，是对教材内容逻辑的照本宣科，是把“算律”本身当作了学生学习的直接对象，没有对教学内容做整体思考和教学转化。教师只把教学内容作为“一个”知识点孤立对待，没能从学生学习的角度去考虑算律应该怎么教。

加法交换律是对加数位置交换的抽象表达，是对两个及两个以上加数“位置交换和不变”的概括。这样的抽象化概括，当它与学生见面时，要转化为有血有肉的、能使学生产生“位置交换”需要的“真题”。大多数教师教“加法交换律”时，没能用心揣摩学生的学习愿望和思维特点，对算律如何具体化为现实的“真题”没下功夫，于是，把算律直接套现为两个加数的位置交换，如 7+8＝8+7。这样的“位置交换”当然“和不变”，但因为只是两个加数“相加”，不论怎么加，“和”肯定是一样的，根本不需要发现，也不需要观察。如此折腾了四个环节的教学，在学生来看就是“逗你玩”，是浪费时间，学生自然也应付老师，不会付出真心和努力。这样的教学，没能帮助学生建立起关于算律的整体图景，也没能让学生理解算律的真实意义。

二、在整体中灵活地、创造性地把握知识点

“加法交换律”这节课怎么教？俞正强老师给出了一个极好的范例。

俞老师不是把加法交换律作为一个孤立的知识点来教的，而是把它放在一个整体系统中对待。这个系统包括加法交换律、加法结合律，也包括乘法交换律、乘法结合律，减法的性质、除法的性质（事实上也是各自的交换律、结合律），等等。在整体中观照一个知识点，就使这个知识点有了明确的地位以及相应的作用，教师也就知道应该以什么样的方法让它起到这样的作用。这是引导学生深度学习，把握知识本质，建构知识结构的重要前提。

俞老师执教“加法交换律”一课时，并没有“硬教”加法交换律，而是把加法交换律放在加法结合律出现需要的背景下去让学生讨论、理解交换律的意义。

俞老师对这节课的整体思路成竹在胸。在他看来，弄清算理、算法与算律之间的关系，找到激发学生全身心投入学习的“心理痛点”，是非常重要的。课上，俞老师提供了连加算式，让学生思考计算如何能既“对”又“快”。由于提供的是连加算式，学生就产生了结合凑整以进行简便运算的需要，而结合凑整又必须交换位置、打乱连加顺序，这样，就出现了已有算法与新需求之间的矛盾，为学生深入思考、解决这个矛盾提供了现实需要和材料支持。

在这种情况下，学生就有了疑惑：究竟是遵循算法“从左到右依次相加”还是“交换位置”使计算简便？如何解决已有算法的权威性与简便运算需求之间的矛盾，便成为一个现实的、需要解决的问题。在权威的算法面前，学生必须用强有力的事实来证明：位置交换和不变。这个结论的形成过程，事实上是持不同观点的学生相互讨论、辩论，以事实为依据证明、辩驳的过程。这样的教学，使学生感受到数学是有意义的，是与自己的生活有实质关联的；学生在这样的教学中，不只是学习数学知识，也是在过一种有意义的社会生活。这正是俞老师数学课的魅力所在。

俞老师的这节“加法交换律”课，也有四个环节，却与通常的上法有完全不同的效果。

环节一很简单，复习，由学生自主完成，唤醒学生已有的经验，即连加的算法是“从左到右依次计算”。

环节二是新授，很有意思。我们注意到这个环节出示的材料与第一环节“复习”出示的材料不同，在三个加数的连加算式里，有两个数是可以凑十或凑百的。显然，这样的材料非常关键，它会启迪有心的学生交换加数的位置，引发学生对加法交换律的意义的关注。如此材料的提供，可见教师教学之意图，教师对学生润物无声的引导。

由于有了这样的材料，在新授环节里，全班学生便有了两种不同的算法，一种是依照“连加”算法的要求进行计算，既符合算法，又得数正确；另一种是凑十凑百的简便运算，速度快、得数正确，但似乎违反了已经学过的算法的要求。由于算法不同，教师便要引发学生展开讨论，为各自的算法找依据讲道理，最终形成加法交换律的一致结论。这样，结论不是教师强加给他们的，而是他们自己想出来的、辩论得来的，学生们会觉得很自豪。

环节三为练习。在俞老师这节课里，练习绝不仅是新授环节所得结论的简单应用，而且要通过变式练习，得出新的结论，即“交换位置有两个条件（①连加；②能凑整）”。这个新结论的得出，是通过提供新的变式材料实现的。变式材料的提供，引导学生去观察材料的特点，去除无关因素，从而更有力地把握知识的根本特质。对于那些在新授环节没能充分把握知识根本特质的学生来说，练习的多样变式，可以弥补新授环节所学的不足。在俞老师这里，每一个环节都有新意，需要学生认真对待，才能获得新的认识和发展。

俞老师把加法交换律放在连加的背景下让学生去发现交换律的必要性和意义，是符合学生的心理逻辑和生活逻辑的：有需要才交换位置，不是为了交换而交换。这样的处理，与已有的算法相纠结，造成认知困惑，引发学生的深度思考和讨论，使得教学既有紧张的张力，又有现实的需要，是一节有灵魂的课。

三、教学要让学生越学越想学，越学越聪明

好的教学，是能激发学生学习愿望的教学。若学生离开教师、离开学校后，还能葆有学习的热情和愿望，对新事物有兴趣，愿意去探究明理，那教学便成功了。

就“加法交换律”这节课而言，如果只是为了计算简便迅速，在计算器普及的背景下，对加法交换律的学习似已无必要。但是，为什么它依然有学习的价值？第一个重要原由便如俞老师所说，“加法交换

律”是一节种子课，具有生发性和起始性。讲清楚了加法交换律，加法结合律就清楚了，学生若明白了加法交换律的内在道理和意义，对其他算律的道理也就不难理解了。正是基于这样的考虑，俞老师通过引导学生思考加法交换律的意义，在学生心里种下一颗种子，当遇到其他算律的时候，便能够从加法交换律这儿生长出新的内容来。正因为挖掘出“加法交换律”的种子课的特质，这节课才具备了让学生认真对待、专心思考，过一种有意义的课堂生活的价值。这便是它具有学习价值的第二个原由。

俞老师的课把这两方面完美地展现了出来。他将学生可理解的常理与数学的算律有机融合在一起，让学生能够在已有经验的基础上，运用自己的头脑观察和发现：学生在计算时不仅仅是把数字相加合并，而且要先观察哪些数字是可以凑整的。学生所做的绝不是计算器可以替代的一个动作，而是作为一个有思想的人的独立思考。俞老师运用苏格拉底的产婆术，让学生相互辩论，用事实证明了“位置交换和不变”的算律，让学生体验到成功的喜悦和自信，也体会到自己存在的价值和意义。

这样的课，是让学生越学越想学、越学越聪明的课，是深度学习的课。

附：课堂教学实录

【教学年级：三年级；教材版本：浙教版】

环节一 复习：运算顺序

师：同学们，老师在黑板上写了两道题，请把题目读一遍。

生：15+12+7，9+72+36。

师：把题目抄下来，开始做。

学生独立完成。

师：我看有好多小朋友都做好了，我们来对一下。先来看第一道题，哪位小朋友来报告一下你是怎么做的？

生1：我先把前面两个数加起来，15+12=27，27+7=34。

师：是这么做的请举手。就两位小朋友不是这么做的。大家看这两位小朋友是怎么做的。

教师板书两种不同做法：

=13+10+12　　　　=15+12+10−3

=23+12

=35

生：35这个算错了。

师：应该是多少？

生：34。

师：34是对的，请对的举手。

师：我们再看第二道题，哪位小朋友来报告？

生2：9+72=81，81+36=117。

师：同学们，对的请举手。

师：这位小朋友（生3）又做错了，给我看看。他喜欢创新啊。

教师板书：9+71+36=80+36=116。

生4：他忘记加1了，72变成71后忘记加回去了。

师：哎呀，这个小朋友又忘记加 1 了。

师：你有什么意见？

生 5：我发现这三个数都是 9 的倍数。

师：这三个数都是 9 的倍数，这个发现对你计算有什么好处呢？

生 6：把它们都化成 9 乘几会好算一点。

生 7：把 72 看成八九七十二，加上前面的 9 就是九九八十一。

师：好，同学们，我们刚才做了这两道题目，发现还是有小朋友会做错。这两道题目难不难？

生：不难。

师：那我们小朋友为什么还会做错呢？而且有一个小朋友（指生 3）全都做错了，如果我们拿这两题来考试的话，那他就是 0 分。你有什么想法？你自己说说看？

生 3：这个算式里面的数总会有个位可以凑成整十整百。

师：可是你为什么都做错了呢？

生 3：落了。

师：怎么会落了的？你发现他在想什么事？他发现总有一个数会接近什么？

生：整十。

师：他拼命要把它们变成什么？

生：整十。

师：结果变啊变啊变成什么了？

生：变错了。

师：可见，变来变去是要怎么的？要功夫的，你要有功夫才能去变，没功夫就先不要去变，要把功夫练好来。还有什么想法？

生 8 答，教师板书：

$=1\times9+8\times9+4\times9$

$=72+36$

$=108+1\times9$

=108+9

=117

学生笑。

师：请大家对他的做法发表评论。

生9：我觉得他其实把简单的问题复杂化了。你先变成1×9+8×9，你又变回72+36，那不又变成原来的了吗？更何况1×9本身就是9，下面又变回来了，又复杂化了。

生10：我觉得不用变成1×9，上面就一个9，直接写下来就可以了，不然的话计算符号太多了，看起来有点麻烦。

生11：这样子算式里面的108+1×9，直接写108+9就好了。

生12：本来就是72，变成了8×9，又变回了72；而且第二步把9给变没了。

师：所以这个小朋友，同学们对你都有意见，你虽然眼睛发现这些数字都跟9有关系，但你变啊变，越变越复杂，而且中间突然掉了一个数、又多了一个数，都是不可以的。

师：我现在发现咱们班里的小朋友好想搞创新，很想变得和别人不一样，但发现每一次创新都会让自己变得更烦，像他这样变更烦，像他这样变成全错。

师：同学们，现在我想问大家一个问题，这两道题目的共同特征是什么？它们一样的地方在哪里？

生13：这两个算式都是两步计算。

生14：都有进位。

生15：都是加法算式，递等式。

师：这两道题目都是什么运算？

生：递等式。

师：都是用递等式来运算的，都是什么运算？

生：两步。

师：都是两步的什么运算？

生：加法。

师：我们把这样两步的加法称作什么加？

生：连加。

师：连加的时候，用递等式都是先做——

生：前面。

师：再做后面。这叫作从左到右，依次计算。合起来讲一遍。这两道题目都是什么计算？

生：连加。

师：连加是怎么计算的？

生：从左到右依次计算。

环节二　变法：加法交换律

师：接下来老师给大家出第二组题目，大家准备好笔和纸。我刚才发现我们班小朋友有一个很好的优点，没有一个小朋友是数字抄错的。第二组练习我要比比谁做得又对又快。

教师板书：42+19+18　　27+76+13　　26+47+74

学生独立完成。

师：怎么做得这么快呢？

生：创新。

师：你们不要乱创新，前面的教训很惨重，有一个人全错，有一个人绕啊绕都白费力气。

师：全部好了，我们请最慢的小朋友来报告。

生 1：42+19=61，再加 18 等于 79。

师：同意的请举手，正确。第二题。

生 1：27+76=103，再加 13 等于 116。

师：对不对？太棒了！最后一题。

生 1：26+47=73，73+74=147。

师：给他几分？

生：100 分。

生：98 分。

师：为什么给他 98 分？

生 2：方法不简便。

师：有什么简便方法？谁知道“简便”两个字啥意思？

生 3：就是又快又简单，他的方法算得慢，又不是很简单。

师：他比较慢，你比较快是吧？你上来说。

生 3：第一题 $2+8$ 等于 10，那这里就是 60，$60+19=79$，就简单了。

教师板书：

$$
\begin{aligned}
&=42+18+19\\
&=60+19\\
&=79
\end{aligned}
$$

师：第二题呢？

生 3 答，教师板书：

$$
\begin{aligned}
&=27+13+76\\
&=40+76\\
&=116
\end{aligned}
$$

第三题：

$$
\begin{aligned}
&=26+74+47\\
&=100+47\\
&=147
\end{aligned}
$$

师：是这样吗？

生 3：是，调过去后和的个位是 10，加起来就比较简单。

师：她说她这样快，她这样对。那她几分？

生：100。

师：（称算得慢的同学为小厉，即生 1；称用简便方法的同学为小金，即生 3）同学们，我们刚才了解了小厉和小金的想法，大家有没有别的想法要发表？

生 4：我可以全部先凑十，先把它们想成最近的十，再把多的减掉。

生 5：我觉得这样好烦啊，这样脑子都要绕晕了。

生 6：她加 2 又减 2 不是一样的吗？

生 7：她错了，借来借去都错了。

师：我们现在来听听小厉的意见。小厉同学做对了没有？

生1：做对了。

师：全部都做对了（板书：对）。小金同学说她不仅能做对，还可以做得——

生1：快。

师：比较快（板书：快）。你同意她说的这个快吗？

生1：虽然她这个快，但是不一定能够对，有些题目可能会错。

师：虽然你快，但是我不跟着你做，因为你容易做错。

生8：没有出现凑十的容易做错。

生9：进位进多了容易错。

师：42+18容易做对，还是42+19容易做对？

学生回答不统一。

师：27+76容易做对，还是27+13容易做对？

学生偏向27+13的多。

师：那这样看来像这样凑是更容易对的啊，怎么会怕错呢？

生10：我觉得小金的方法要先看有没有可以凑整的，再看要不要进位，样就比较麻烦了。

生11：符号太多了，看上去有点麻烦，小金的方法会快一点。

师：同学们很会思考。我现在认可小厉是对的，他做了100分。我现在认可小金也是对的，她的确可以更快，做起来更方便。小厉的特点是小心翼翼地做对，小金的特点是能够做得又对又快。我的问题是，小金和小厉相比，他们做法的主要差别在哪里？

生：算式不一样，小金凑整十整百了。

教师板书：凑整。

师：小金做了凑整这件事情，为什么小厉没有凑整呢？

生12：因为他没发现可以去凑整十。

生13：我觉得小厉没想到这个方法。

师：我觉得不一定，小厉可能也发现了，你们信吗？

生 14（小邵）：我有个问题，连加不是说要从左往右依次计算的吗？小金就不是这样做的。

师：这个小姑娘好厉害。小厉都是从左往右依次计算的，小金呢？

生：改变了运算顺序。

师：小厉是个好学生，老师说从左往右依次计算，他就依次计算。小金不听话，她改变了它们的运算顺序，把这些数字交换了位置（板书：交换位置，改变顺序）。能这么做吗？

生 15：小金是把可以凑整的凑整了，比小厉简便，简便运算是可以改变运算顺序的。

师：顺序怎么好改变呢？

生 16：结果是一样的。

生 17：前面一组题目是没法凑整的，所以从左往右依次计算；后面这组可以凑整，就可以交换后凑整。

生 18（小傅）：因为连加的时候不管先加这个还是先加那个，到最后还是全部都要加起来的，所以改变运算顺序对结果没有任何影响。

师：他强调了这是什么？

生：连加。

师：所以不管先加哪个——

生：结果都是一样的。

师：同学们，他说这是连加啊，连加反正是都要加起来的，因此它可以——

生：交换位置。

师：可以改变——

生：运算顺序。

师：同意吗？

生：同意。

师：那么为什么要交换位置，为什么要改变运算顺序呢？

生：因为可以凑整。

师：同学们，我们来看一下这三道题目（指第二组题目）有什么共同的特点？

生：都有可以凑整的数。

师：太棒了！我觉得我们小朋友很适合学习数学，爱思考，回答完整。我们发现这三道题目中间都有可以凑整的数。42 和 18，27 和 13，26 和 74，发现第一、第三两个数都可以——

生：凑整。

师：于是我们就把第二、第三两个数给——

生：交换位置。

师：我们再来一遍好不好？我们发现这三个题目都是什么算式？

生：连加。

师：我们发现三个数当中都有两个可以——

生：凑整。

师：第一、第三两个数都可以凑整，因此我们要做什么？

生：把第二、第三两个数交换位置。

师：这样就凑整了。凑整了之后就能做到——

生：快。

师：又能够做——

生：对。

师：就能——

生：又对又快。

师：这就是简便的效果。连加的时候，如果出现凑整的数，就可以把它们交换位置，这样可以更加简便。

师：今天这节课到这里了，你能得出什么结论？

生 19：有些时候不一定可以用凑整。

生 20：有的时候可以交换运算顺序。

师：今天我们学的最重要的一个结论就是两个数是可以交换位置

的，我们在连加中是可以改变运算顺序的，目的是凑整。两个数交换位置，它们的结果是一样的。请说一说。

生：(齐）在连加运算中，两个数交换位置，它们的结果不变。

师：这就是我们今天研究出来的道理。这个结论在我们数学里有一个特别的称呼，叫作加法交换律。数学里大名鼎鼎的加法交换律，就是同学们今天思考出来的成果，这个成果来自小金的创新，来自小厉的谨慎，来自小邵的质疑，来自小傅的演讲，来自同学们的认可和聆听，大家都有非常大的贡献。

环节三　练习

教师呈现材料：17+19+23，43+57+62，24+35+76。

师：我们已经学了加法交换律，那我们再来做一组题目，比比谁做得又对又快。

学生独立完成。

师：同学们，我们来对一下，第一题。

生 1：要交换位置，变成了 17+23+19，然后等于 40+19，等于 59。

师：同意的请举手。第二题。

生 2：43+57+62，62 和 57 换一下位置。

生 3：(喊)不需要换位置。

生 4：这道题没有可以凑整的。

师：43 和 57 这两个数可以凑整吗？

生 5：可以，不用交换了。

师：100+62=162，对的请举手。这道题目老师就是设置了一个陷阱。第三题。

生 6：76 和 35 换一下，24+76+35 等于 100+35=135。

师：通过这组联系，你有什么结论要告诉我们？

生 7：凑整有时候要换位置，有时候不用。

生 8：其实有时候拿到一个算式后，先观察，要是能凑整就尽量凑整。

教师板书：先观察。

师：观察很重要，一观察是不是连加，二观察有没有可以凑整的数。

环节四　全课总结

师：同学们，我们来对这节课小结一下。这节课一共做了几组练习？

生：三组。

师：第一组练习让我们想到了老师告诉我们的什么？

生：连加要从左到右依次计算。

师：在第二组练习中我们知道了什么？

生：可以凑整时，把两个数交换位置，它们的结果是不变的。

师：这就是——

生：加法交换律。

师：这是我们自己想明白的。第三组练习告诉我们一个什么道理？

生：先观察。

师：先观察什么？

生：是不是连加，有没有可以凑整的数。

师：这样呢我们就都明白了！这节课厉不厉害？

生1：这节课我们从简单的东西得到了深刻的道理。

生2：连减也可以交换吗？

生3：连减交换律可能会有的。

师：我发现这节课上到这里，同学们有了更多的想法，那我们可以自己去研究。这节课就上到这里了。下课。

在生活经验中改造出数学知识

——以“比的认识”为例

我们都知道杜威的经验改造学说，那么，经验是如何改造的呢？就数学学习而言，经验的改造需要老师做什么呢？

如何从所学的知识出发，去选择学生已有经验中最适合改造的经验？

经验成为思考对象之后，如何引领学生有效地比较、抽象、概括？

在充分比较、抽象、概括之后，如何去伪存真，得到一个结论性的认识？

在让学生经历从生活经验到数学知识的过程中，学生会觉得数学知识不是外加于自己，而是内生于自己的。因为是内生于自己的，所以是不会忘记的，不需要去记忆的。学习便变得自然而然了。

当然，也不是所有知识都可以或者说都需要用经验改造而得。只有那些具有种子特质的知识，才是可以用经验改造而得的。

种子课

将“生活经验”改造成“数学知识”

生活经验，是学生在日常生活中获得的感性认识。

数学知识，是人类以数学方法对世界加以认识的理性成果。

将“生活经验”改造成“数学知识”，数学知识对于学生来说就不是外加的，而是内生的，是从生命之树中长出的一根枝芽，而不是贴在生命之墙上的一块瓷砖。长出的枝芽，还能继续长；贴上的瓷砖，如果得不到养护，就会有脱落的可能。

那么，我们数学老师如何帮助学生完成对生活经验的改造呢？本文以“比的认识”为例，讨论如何完成经验改造。

一、溯源：关于比的生活经验来自两个地方

我们要帮助学生完成对生活经验的改造，首先要将相应的生活经验找到，让生活经验成为一个存在、一个思考对象。

对学生来说，关于比的生活经验主要存在于体育比赛中，但其实体育比赛中的“比”不是我们要认识的对象，是去伪存真的认识过程中的“伪”的部分。

关于比的生活经验的“真”的部分，在学生的经验中并不十分明显。教材选了照片的放大与缩小。其实照片的放大与缩小不是比，是比例。

教材是以照片的放大与缩小为切入口，然后直接给出一个定义：两个数相除又叫作两个数的比。

从这个定义看，比是一种运算，是除法的又一种说法。（这个定义妥当与否本文不做讨论，因为本文主要是讨论对生活经验的改造。）

个人在教学实践中选择“煮饭”（即蒸米饭）这件事情作为生活

经验的切入口。饭是米和水的“比”，因为学生每天都会吃饭，所以有充分的经验，只是没有教师引导，学生很少会主动想到煮饭这件事情。

（一）体育赛事中的比

材料：（　）：（　）。

序一：这份材料在什么地方看到过？怎么读？

讨论：体育比赛。几比几。如足球比赛 2∶3。

序二：请同学们说说足球比赛中 2∶3 是什么意思。

讨论：一个班踢进 2 个球，另一个班踢进 3 个球。

序三：如果场上又踢进一个球，接下来可能会是几比几？

讨论：2∶4 或 3∶3。

（二）煮饭中的比

材料：煮饭。

序一：同学们肯定都吃过米饭，大家煮过饭吗？

讨论：水加米煮成饭，水和米不能随便乱放，要有个基本的要求，水太多会稀，米太多会硬……

水和米之间有一个恰恰好的关系，这个关系定了就能煮成我们喜欢的饭。

序二：我们家煮的饭通常米和水的关系表示为 2∶3，大家能看明白吗？

讨论：2 杯米与 3 杯水。

2 斤米与 3 斤水。

2 份米与 3 份水。

序三：今天我们家来了很多客人，煮饭的时候放了 4 杯米，大家觉得水应放多少？

讨论：4 杯米就要放 6 杯水，如果米增加了水不增加，饭就变硬了。而且必须变成 6 杯水，如果不是 6 杯水，饭的口感就变了。要使饭的口感不变，则必须变成6杯水。

结论：口感就是对标准的通俗的理解。比，本质上是一种关系的标准。

二、实践：经验改造的两个基本要点

在前面的经验整理中，形成如下材料。（见下图）

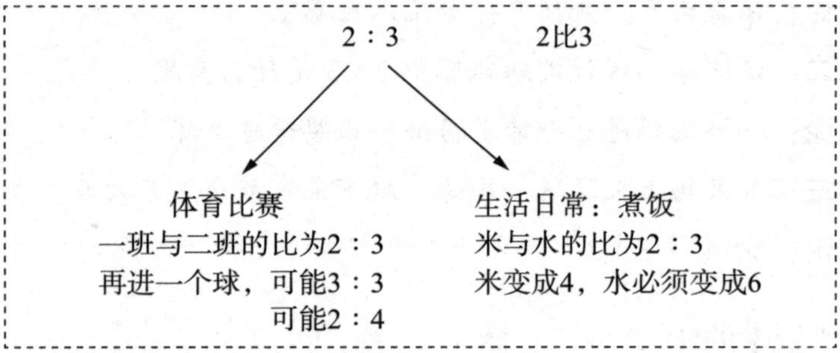

接下来便进入关键的改造环节。

改造一：概括比较，厘清相同点与不同点

相同点：都是2：3，前项、后项是一样的。

不同点（见下表）：

体育比赛 一班与二班的比为2：3	**生活煮饭 米与水的比为2：3**
表示分数	表示份数
前、后项各自变 （没规律地变）	前、后项一起变 （有规律地变）
前、后项可以为0	前、后项不能为0
一直临时的关系	一直固定的关系
是记录，比多少	是标准，比倍数

【分析】经验的改造，首先是将经验作为思考对象，在成为思考对象之后，组织学生进行思辨，思辨的方式是比较、抽象与概括。思辨的结果是混沌的经验被特征化，而且特征是基于比较产生的，特征又是比较指向的。

改造二：去伪存真，形成“比”的基本概念

对于数学而言，我们所关注的“比”是类似煮饭这样的“比”，而不是体育赛事这样的“比”。

因此，对于小学数学而言，“比”有一对双胞胎，有点类似真假孙悟空。把这两个“孙悟空”放在一起，尽管长得一模一样，都是2∶3，差别却是巨大的。上页表中左边体育赛事之比是“伪比”，右边煮饭之比是“真比”。这个去伪存真的过程，也是这节课完成经验改造的关键环节，相当于摄影人说的“定格”，是知识固化的一个节点。

材料：上页表。

序一：同学们，同一个2∶3，在不同的地方，表示的意义有这么大的差别。如果我们选择一个作为研究对象的话，大家会选择哪一种？

讨论：选择生活中的类似煮饭的比，因为这个比是有规律的，有规律的是可以研究的。

序二：现在我们擦去体育赛事中的比的认识，留下煮饭中的比的认识。请同学们说说，比是什么？

讨论：比是两个量之间的一种固定关系，一个量的变化一定带来另一个量的相应变化，这种固定关系是一种标准。

序三：在学生的讨论中，将上页表改造成下表。

比
前、后项表示份数
前、后项一起变 （一个量变，另一个量一定相应变）
前、后项不能为0
比值是固定的
是一个标准
真比：表示两个量之间的关系

【分析】这些认识便是比的概念的内涵，内涵确定，对比的认识便基本完成。去伪存真的过程是一个思辨的过程，这个过程也是达成理

解的过程，去伪存真的结果就是对数学知识的定格、固化，即对什么是比的明确。

三、应用：速度是路程与时间的比

当那些模糊的零碎的经验通过思辨、去伪存真后成为数学知识时，让这个知识发生作用是十分重要的。学生会在知识发生作用的过程中加深对知识的理解。作用的发生主要有两种路径：一种路径是用改造而成的数学知识解决相应的问题；另一种路径是用改造而成的数学知识解释已有的知识。

在学生的原有知识中，速度是单位时间里完成的路程，速度是运算的结果。在学习“比的认识”之后，速度是路程与时间的比，速度是作为一种关系而存在的。这个对速度的新的解释的过程，就是对“比”作为改造而成的数学知识的运用过程。这一过程如何完成呢？

序一：请观察路程与时间两个量之间的关系。（见下图）

材料：	路程	时间	速度
	240	2	
	360	3	
	480	4	
	…	…	

讨论：

（1）时间的变化一定带来路程的变化。

（2）路程与时间不论怎么变，始终是 120 与 $\frac{1}{120}$ 的关系，这个关系是固定的。

（3）只要车在跑，路程与时间就不可能为 0。

结论：路程与时间的关系符合比的内涵，因此，速度其实是路程与时间的比。

序二：我们发现速度其实就是路程与时间的比。同学们能否举一反三，说出谁又是谁和谁的比呢？（见下页图）

讨论: 总价	数量	单价
16	2	
24	3	
32	4	
…	…	

结论：单价是总价与数量的比。

序三：请大家观察以下材料，有什么发现与大家分享？

材料：路程÷时间=速度，速度是路程与时间的比；

总价÷数量=单价，单价是总价与数量的比；

总量÷时间=效率，效率是总量与时间的比。

讨论：比总是与两个相除的量连接在一起。我们在举一反三时的窍门就是与除法运算相连。

【分析】在对这个数学知识运用的过程中，学生们体会到比与除法运算的密切联系。书本之中的两个数相除又叫两个数的比，在这里得到了落实，而这个落实是在知识运用中完成的。至此，对比是什么，学生们应该有完整的认识了。

四、经验改造学习中的三个问题

做好经验改造，关键在两点：

第一，经验的唤醒与整理，让经验成为一个改造的“对象”。

第二，改造过程中的概括与去伪存真，形成一个“数学知识”。

做好这两点，则必须做到以下三个要点。

要点之一：找准经验唤醒的切入口

在比的认识过程中，体育赛事这个切入口是十分普遍的，足球、篮球等什么比赛都无关紧要，而煮饭这个经验的切入口的选择十分重要。

为什么选择煮饭？

生活中关于这种配比的具体经验，学生是十分缺乏的，有人说配果汁，有人说洗衣服，有人说做面包，虽然这种事情很多，但具体按照规范去干的却很少。很少干的活，经验便不具有普适性，讨论便无法开展。

煮饭这件事，虽然学生很少有直接的经验，但每名学生都有着丰富的吃饭经验。他们知道饭太黏或太干的原因是水多或水少，他们知道吃饭的人多自然米要多，米多了自然水要多。而且现在的学生都能明白什么是“口感”。妈妈烧的菜、外婆煮的饭为什么好吃？就是因为那个口感。学生们对口感完全能理解。

而自己习惯的那个口感，就是自己对饭的标准的设置，这种标准其实就是米与水的固定关系。

因为有这些基础，所以在经验的唤醒以及唤醒过程中有利于概括比较的，莫过于煮饭这件事了。

要点之二：在经验唤醒与思辨中舍得花时间

教师们对课堂效率念念不忘，似乎作业做得多了，就是效率高。因此，“比的认识”通常会是以下教学流程。

（1）课堂谈话：照片放大不变形。

（2）定义学习：两个数相除又叫两个数的比。因为除数不能为0，所以比的后项不能为0。

（3）练习：将除法运算改写成比，求比值。

（4）练习：将相同量的比扩展到不同量的比。

（5）小结。

这个流程中，对比的认识来自除法运算，比只是除法的另一种表示。所有除法的规则同样是比的规则：除数不能为0，所以比的后项不能为0；因为有商不变的性质，所以有比的基本性质。

这样学习会十分简单，作业会做得比较多，课堂效率会高。

但是，这样的学习是脱离学生们的生活的。学生们在生活中，明明看见比的前、后项都可以是0的，胆大的学生问老师，老师会回答：那个比不是我们这个比。胆小的学生则会把疑惑放在心里，觉得数学是一只古怪的怪兽。

迎着学生们生活中最熟悉的“比”的经验上去，就会费时间，一点一点厘清楚，需要占用时间。学生的思考也要有时间，时间的占用会减少学生做作业的时间。

但是，这段时间是不会白花的。这段时间花了，学生会少做一些作业，但是，得到的回报是学生会喜欢上数学，喜欢上思考，喜欢上观察这个世界，继而喜欢去干一些事情。

要点之三：对改造中形成的观点要多包容

在“比的认识”的改造中，有一个讨论是这样的：

师：在比中可以出现0吗？

生1：比的后项不能为0，因为除数不能为0。

生2：比的前、后项均不能为0，因为如果出现0，饭就不是饭了。

请老师们思考，这两个学生的回答，你更喜欢哪个？

生1的回答，估计来自他的课外学习，他是在用知识回答我们的问题，就其性质而言，是对知识的提取。生2的回答，则应该来自他对生活经验的思考，他是在用常识回答问题，就其性质而言，是对知识的创造。

但是，生2的回答与我们书本上的知识是有冲突的，书本上认为：

比的前项可以为0，比的后项不能为0。

而这位学生以他的思考告诉我们：

比的前项与后项，都不能为0。

理由很简单：米∶水＝2∶3。若米为0，则饭不是饭，是水；若水为0，则同样饭不是饭，是米。

那么，他的思考结论与书本的知识不相符，怎么办？

这就需要有包容之心。因为在对经验的改造中，思考环境是开放的，既然是开放的，则完全有可能获得一些意外的成果。

而这些意外的成果与计划的成果一起，便组成了学习的深度水平。

对经验的改造，其实只是让知识学习深入学生们的生活，这应该就是我们平常所说的深度学习了。

深度学习

消解二元对立，建立普遍联系

教学中有很多二元对立的表述，如教师与学生、知识与经验、结果与过程、目的与手段、历史与未来、继承与创造，等等，或顾此失彼，或舍此就彼。教育史上的主知派或行动派，传统教育派或进步主义教育派，或多或少都有各执一端的倾向。教学实践中，教师处理这些二元对立关系，尤其是知识与经验关系的态度与策略，集中反映着他的教学思想倾向与水平。

知识与经验是一对矛盾，相生相克、相反相成。好的教学、高水平的教师，能从知识中看到经验、从经验中长出知识，致力于化解经验与知识的二元对立，缩短知识与经验的距离。说到底，教学的基本工作就是处理好个体经验与人类知识的关系，做好经验与知识的相互转化。当前，“深度学习”所倡导的，就是把教学本应做的基本工作清晰起来、彰显出来，变成每位教师的自觉行为。在我看来，俞正强老师的种子课实践，就是把教学本应做的工作做到位了，是消解二元对立的典范。

一、站在知识的高点回溯探查学生的典型经验

在教学中，学生主要学习的是人类已有的认识成果（即通常所说的知识，也称间接经验），但这并不意味着学生个人的经验不重要。陶行知说“接知如接枝”，意即要想学习前人的知识，必得以个人的经验打基础，才能把外在于学生的“客观知识”变成学生自己的“主观经验”，使“间接经验”具有“直接”的体验和感受。这样，知识与经验便能长成一体，成为“一棵菜”。

俞正强老师“比的认识”一课就是这样。他不是把书本知识告知学生，而是从学生的经验入手，通过经验改造让学生领悟和理解“比”，使外在的知识与学生内在的经验有机融合，成为一体。

俞老师从学生经验入手，并不是茫茫然随便找个经验“聊大天，活跃气氛”，而是站在知识的高处向学生经验处主动探查回溯以确定可以进入教学活动的典型经验。从经验入手，比直接从书本知识入手，对教师有更高的要求。教师既要明了学生应该学习什么，经历怎样的学习过程，要掌握什么、形成什么、发展什么；又要明了学生有哪些经验，这些经验中哪些是典型的，能够用来改造、提升的，能够扩展出一系列的学习活动的，等等。总之，需要教师做更为周到审慎的准备，有对教学活动全局的洞察以及对教学活动的整体设计与把握。

小学数学教学常需从经验引入，但经验选用是否恰当、能否取得好的教学效果，却需斟酌讨论。例如，“比的认识”一课，有的教师选用“照片的放大与缩小”。学生自然是有类似经验的，但这一经验用于这一课却不恰当，因为“放大与缩小”是比例，而不是“比”。学生经验不是只用来引起兴趣和好奇的，经验要与经验建立起内在的关联。经验的选择，要求教师对学科知识有正确深入的理解，要知道这个知识的经验表现形态，知道需要唤醒学生的哪一类经验。

在“比的认识”这节课上，俞老师选用了两类经验，一是体育赛事比分的比，二是煮饭中的米与水的比。显然，体育赛事的“比”并不是“数学的比”，为什么俞老师不直接选用煮饭中的“比”，而要先从体育赛事入手？

看过俞老师的课，就知道，看到2∶3，学生最先反应出来的就是体育赛事的比，这是学生生活经验的自然流露。这个经验既然出现了，教师就不能“无视”而要“重视”。俞老师“顺水推舟”，把这一经验作为“数学的比（煮饭的比）”的对照物处理。他用生活化的语言、日常的词语和句式同学生聊这份“2∶3”的材料。他问，这份材料在哪里见过，怎么读，是什么意思，如果再进一个球会变成几比几，等等，简单直接，引导学生自觉地唤醒、梳理经验，展开有条理的思考和有根据的想象，为突出“数学的比（煮饭的比）”的特性做好了铺垫。这样的做法，既自然亲切，又为后面“煮饭的比（数学的比）”的出场拉开了序幕，能够迅速带领学生进入有意义的数学讨论。

关于煮饭中的比，俞老师设计了三个问题。通过“聊”煮饭的经验引出水与米的关系，再用一个特例引导学生解释2∶3所代表的可能意涵（2杯米与3杯水，2斤米与3斤水，2份米与3份水，从“杯”、“斤”到“份”，逐渐抽象），最后引导学生重点思考：当一个比项数值发生变化时，如何保持饭的“口感”不变？在这里，“口感”成为表示“比”的关系的标准。“口感”的引入，非常妙，它成为后续一系列讨论的共同象征，它是比值，也是速度、单价，总之是某种关系的标准。于是，“比，本质上是一种关系的标准”就能被学生做亲切可感的理解，而不是空疏枯燥的词语。

显然，通过煮饭这个特例，学生能够很好地理解“数学的比”的特性。即使有些学生没有煮饭的经历，也会有吃饭的经验，知道煮饭要有水和米，而且水和米要有恰好的匹配关系。俞老师用这个材料切入，既唤醒、发挥了学生已有经验的作用，让学生感觉亲切，又能从其中扩展出相应的数学活动，缩短了经验与知识的距离，为知识理解提供了经验基础，为经验提升到知识的高度提供了理解的阶梯。

二、改造经验，实现经验的理性化、抽象化

唤醒经验不是目的，经验的改造、提升并使之理性化、抽象化，达到知识的高度、丰富度和自觉度才是目的。

俞老师设计了两个经验改造的环节。

一是概括比较。

在“比的认识”这节课上，通过谈话和讨论，俞老师和学生们一起形成了两份教学材料，即体育赛事的比与煮饭的比。这两份材料在这节课中反复使用，使教学连续一贯，一脉相承。这也让我们深切地

感受到：一节课上不必出示过多的材料，只要典型就可以。麻雀虽小，五脏俱全，材料在精不在多。

体育赛事和煮饭，都来自学生的生活经验，却完全不同。对二者的系统化比较，突出了“煮饭的米水之比”的教学意义，揭示出了“数学的比”的一些基本特征。通过比较，混沌的经验显出了明朗的模样，成为学生可以进行自觉观察和省思的对象。到了这一步，学生的经验就具备了可以脱离主体而独立存在的基本条件了。

二是去伪存真。

这一经验改造活动是对“数学的比”的特征的进一步清晰化和固化。俞老师用摄影的“定格”来比喻这一过程，即在那一刻，表情、动作、神态、背景都定下来、不再游移了。实现“数学的比”的定格，俞老师用了三个相互接续的环节。

序一，提出了一个假想的研究。通过强调“同一个 2∶3”在不同的地方所表示的意义的巨大差别，引导学生进一步强化“数学的比”的特性，在思想上明确：有规律的才可预测、可研究，才能成为思想的对象。

序二，擦去黑板上的体育赛事的比，留下煮饭中的比，请学生们说说“比是什么”，这便是聚焦了。让学生从两种不同的比的对比中，聚焦、专注于“煮饭的比（数学的比）”，使“比”专属于“数学的比（煮饭的比）”而不再泛化。这样，“比”这个数学概念就真正从“个体经验”中独立、抽象出来，成为“知识”。这个知识，是在教师的帮助和引导下，从学生的经验中长出来的，也可以说是“分离”出来的。而这个分离出来的经验，是与无数先辈经历漫长的时光所探索建构而成的“知识”一致的。在这个意义上，可以说，俞老师带领学生从经验走向了知识，让经验中原本就有但不够明晰的部分明晰起来，让零散的感受建立起关联而形成系统，使学生的个体经验与人类知识相接。如此这般形成的知识，因为有经验做基础而有亲切的温度，经验则因上升为知识而具有了理性的深度和高度。

序三，将师生讨论形成的认识，用表格进行条理化的呈现，使之系统化、明晰化，固化、定格，至此，对比的认识基本完成。

这节课的经验改造过程，花了相对较长的时间，却是值得的。它没有用简单的记忆和背诵代替学生的思考和理解，而是让学生在思考中学会思考，变得敏锐善思，在学习中学会学习，愿意学习。苏霍姆林斯基曾经说过这样一段话："著名的德国数学家 F. 克莱因把中学生比作一门炮，十年中往里装知识，然后发射，发射后，炮膛里就空空荡荡，一无所有了。我观察被迫死记那种并不理解、不能在意识中引起鲜明概念、形象和联想的知识的孩子的脑力劳动，就想起了这愁人的戏言。用记忆替代思考，用背诵替代对现象本质的清晰理解和观察——是一大陋习，能使孩子变得迟钝，到头来会使他丧失学习的愿望。"俞老师的教学就是在克服这种陋习。

三、将抽象的知识具体化、个体化

概念的形成，说明从经验到知识的转化已经完成。就"比的认识"这节课而言，"比"的概念的形成，说明对作为概念的"比"的认识已经基本完成了。但是，"比"作为一个概念，还需要与其他知识建立普遍联系，在联系中巩固和丰满其内涵，同时，还要将知识经验化、个体化，让知识具有个体的直接经验的形态与意义。

在俞老师的这节课上，"比"的意义的丰富，是通过应用环节实现的。俞老师说，当经验成为一个数学知识后，让这个知识发生作用会使学生加深对这个知识的理解。俞老师认为，知识发生作用主要有两种路径，一种是用数学知识解决相应的问题，另一种是用数学知识去解释已有的知识。这两种路径都是帮助学生加深和丰富理解的应用。前一种是通常所说的实际应用或应用于实践；后一种则是理论应用，即实现知识的普遍关联与结构化。

俞老师在知识的应用环节同样设计了三个有序的活动。

序一，观察时间与路程两个量之间的关系——这是对"米水关系"

的一种螺旋上升式的再现，是通过情境转换来加强学生对“比”的理解，是把定格化、固化了的知识再打开、再具体化、再经验化的做法。用“比”来解释时间与路程的关系，使得速度与路程、时间的关系这个知识，获得了新的理解和意义。速度不仅是“单位时间里完成的路程”，它也成为“路程与时间的比”，“速度”和饭的“口感”一样，成为“一种关系”的“标准”，扩展了学生对速度的理解，也使“比”的内涵在解释“速度”的应用时得以扩展和丰富。同时，也把速度纳入了“比”的范畴，实现了知识的普遍联系与结构化。

序二，引导学生列举更多有关“比”的例证——举一反三，让学生自主举出能够用“比”表示的数量关系，增加“比”的多样变式，将原先学过的知识结构化到“比”之下。

序三，观察几组典型的数量关系例证——通过观察、讨论，将“比”与除法建立起关联，进一步扩展“比”的内涵，认识到“比总是与两个相除的量连接在一起”，与除法运算相关。“两个数相除又叫两个数的比”，这样一个抽象的文字表述，通过“比”的应用，让学生在真切体验基础上得以理解，使它具有了切实可感的含义和具体的经验支持，得以融入学生的血脉。

四、经验与知识的相互转化，是人类文明进步的阶梯

个体经验是亲切可感的，但也是片面模糊的；人类的知识是抽象生硬的，却正是丰满真实的。以文字为载体的人类知识，恰恰包含了千百年来无数人的探索实践成果，比某个偶然个体的经验更丰富、更丰满，也更可感、更亲切，但这种丰富和亲切并不能被个体直接感受到，必须经由教师引导才能体验到。就教学活动而言，教师要站在人类知识的高度，回溯学生的经验，从学生经验入手，带领学生扩展至人类知识，再通过应用使其具有个体经验的直接性和亲切性，转化为学生的能力、意愿、态度，这样，作为知识拥有者的个体学生才有可能去创造出新的人类知识。(见下页图)

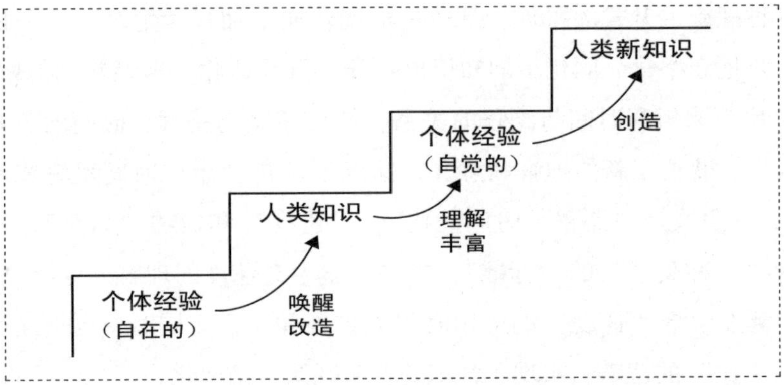

王夫之说："推学者之见而广之，以引之于远大之域者，教者之事也。引教者之意而思之反求于致此之由者，学者之事也。"这句话的前半句，用今天的话来说，就是要求教师要从学生的经验入手，引向更远大、系统的知识。当然，真正能够选择典型的经验切入教学并做好经验的改造和转化工作，是特别考验教师功夫的。

在经验转化的过程中，要"舍得花时间"。这个花时间的过程，正是帮助学生迈向更高一级台阶的过程，学生是在迈台阶的过程中发展心智能力、情意态度的。成长是慢的，要等待，要让学生自己迈上去。

俞老师提到，在经验转化的过程中要包容学生的观点。包容的态度是让学生能够轻松投入教学的心理前提。课堂上学生的亲身参与、主动认真的思辨体察本身，就是教学的最重要的要素，教师要以包容之心对待不同观点，也要相信学生能够在成长的过程中，扩充、丰富、修复、纠正那些片面的或错误的认识。有了包容，学生往往会迸发出意外之喜，产生创造的萌芽。如果教师能从创造的角度看继承、从未来的角度看历史，就会多一些包容，就像是期待一朵花开那样，我们提供条件，慢看学生成长。

能够化解种种二元对立，建立普遍的联系，让学生学得主动、生动、深刻、全面，这就是深度学习了。

附：课堂教学实录

【教学年级：六年级；教材版本：北师大版】

环节一　唤起生活经验，找出生活中的比

1. 球赛中的比

师：你们认识2∶3吗？生活中你们在哪里见到过？

生1：篮球比赛里见过。

师：学校进行了篮球比赛，今天的这场比赛是五（1）班对战五（2）班。现在假设五（1）班得了2分，五（2）班得了3分，目前情况是谁得的分数多？［板书：五（1）∶五（2）=2∶3。］

生：（齐答）五（2）班。

师：接下来又进了一个球，可能会变成几比几？

生：可能会变成3∶3或者2∶4。

师：为什么会有两种可能？

生：因为这是两个班，这一个球可能是五（1）班进的，也可能是五（2）班进的。

师：如果是五（1）班进的，这个比就变成了3∶3；如果是五（2）班进的，这个比就变成了2∶4。（板书：3∶3，2∶4，见下图。）

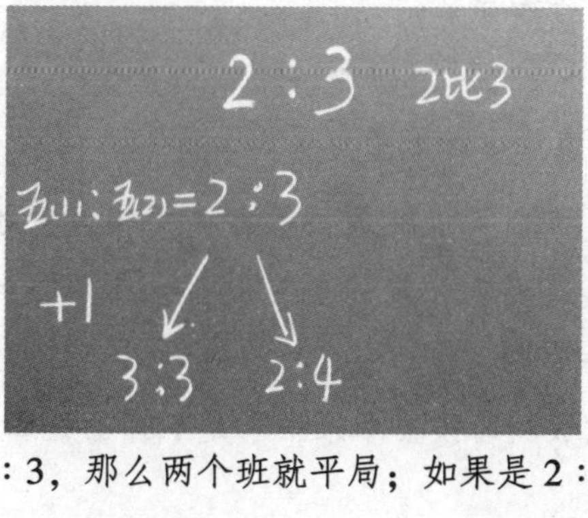

师：如果是3∶3，那么两个班就平局；如果是2∶4，那么两个班的距离就越拉越大。除了在比赛中会出现2∶3，别的地方还会出现吗？

生2：在商场看见食用油上面会有黄金配比。

师：很好，这个就不是比赛了，他在食用油里面看见过。

生3：学习班广告封面上有教师用书和学生用书配比。

生4：妈妈做蛋糕的时候，糖和奶油是按照一定比例的，比如1∶10、1∶20。

师：糖和奶油要有一个比，比如1份糖配10份奶油。我们发现，除了比赛之外，在我们的生活中其实还有很多的2∶3。在生活中它表示什么意思呢？这节课我们一起来讨论。

师：我先来举一个例子，这个例子大家会更加熟悉，我相信每个小朋友一定都经历过。（板书：饭。）

2. 煮饭中的比

师：大家有没有吃过饭？

生：（齐答）吃过。

师：饭离不开谁和谁？

生：米和水。

师：饭一定是米和水做出来的。（板书：米，水）米和水这两样东西可以随便放吗？

生：（边说边摇头）不能。

师：为什么不能随便放？

生1：因为水放少了饭会很硬，水放多了饭会很软。

生2：水放多了可能会变成泡饭，水放少了可能会烧焦。

师：是的，水和米不能乱放，水太多会很稀，水太少就很干。因此要烧出好饭，也是要有一定的规定的，如果我规定米和水是2∶3，你能看懂吗？（板书：2∶3。）

师：我们在煮饭的时候要拿米，米是1杯1杯拿的，拿了几杯？

生：2杯。

师：水呢？拿了几勺？

生：3勺。

师：2杯米配3勺水我们就可以说是2∶3。2可以是2杯米，也可以是2袋米，还可以是2千克米。总而言之，这些米要配上这样的水。如果水太多，饭就比较稀；水太少，饭就比较干。我们家的饭就是按照这样的一个比例来煮的，这个比就是我们家煮饭的配方，我们家就喜欢吃这样的饭。如果哪一天水放多了或者放少了我们就不喜欢了，这用一个词概括叫作什么？

生1：味口。

生2：口味。

师：这个词叫作口味，或者说是一种口感。（板书：口感）我们家煮饭的口感就是我们家煮饭的标准。（板书：标准）你为什么特别喜欢吃外婆煮的饭或妈妈煮的饭？因为外婆总是这样煮饭的，妈妈总是这样煮饭的，这就是外婆的味道、妈妈的味道。这个味道实际上就是口感，用我们数学的语言来说就是一个标准。（见下图）

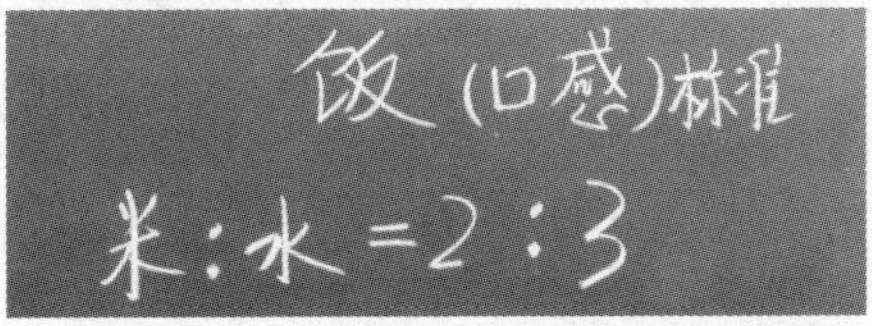

师：这就是我们在生活中遇见的，虽然大家没看见，但却能够天天遇到。比赛场上的比是看见的，煮米饭的比是遇见的。

环节二　标准（煮饭中的比）的认识

1. 煮饭时人数发生变化

师：王同学家有3个人，结果今天表哥一家也来了，现在一家有6个人，煮饭要有什么变化？

生1：饭要煮多一些。

生2：水多一些。

生3：米也要多一些。

师：对了，3人变成6个人，所以饭要多一些。本来2杯米就够了，现在需要几杯米？

生：4杯米。（板书：4。）

师：米放多了，水要放多少？

生：6杯水。（板书：6。）

师：一定要6杯吗？

生：6勺水。

师：一定要6勺吗？

生：6份。

师：为什么一定要变成6？

生4：如果水还是原来的3，饭那么多就会比例失调。

师：比例失调会带来什么后果？

生4：饭很硬。

师：是的，饭的口感会发生变化。为了不让饭的口感发生变化，水必须变成6。如果水变成5，口感就变硬；如果水变成7，口感就变稀。只有是6，饭的口感才不会变。

2. 煮饭时水发生变化

师：如果今天王同学的奶奶也来了，王同学家的水变成了12，要使口感不变，应该怎么办？（板书：12。）

生1：多加一些米。

生2：把米加到8。

师：必须是8吗？为什么？

生：对，要保持口感不变。

师：要保持口感不变，必须变成8。（板书：8，见下页图）同学们，米变了，水要变；水变了，米也要变。如果不这样变，会带来什么后果？

生：口感会发生变化。

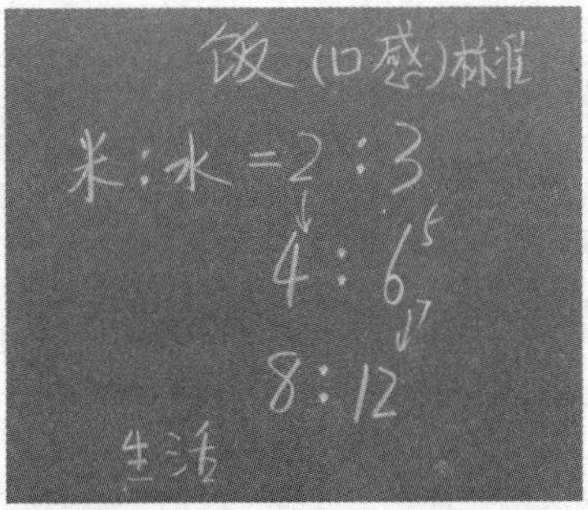

环节三　比的区别

1. 分数和份数的区别

师：这就是我们的生活。在比赛中有2∶3，在煮饭中有2∶3，油里面有，蛋糕里面也有。它们都是2∶3，写法一模一样，那么比赛中的比和煮饭中的比有什么不一样？

生1：五（1）班和五（2）班的比是比分，米和水是比例。

师：一个叫比分，一个叫比例，谁有补充？

生2：五（1）班和五（2）班的比分是可以随便改动的，但是米和水的比例是不能随便改动的。

2. 前、后项能否一起变的区别

师：还有什么不一样？

生1：如果比赛的时候进了一个球，会有两种可能。但如果米变成3份，水就得变成4.5份。

师：比赛时一个变另一个可以不变（板书：自己变）。米和水一个变则另一个也跟着变，叫作一起变（板书：一起变）。我们把2∶3前面这个项叫作前项，后面这个项叫作后项，中间的“∶”叫作比号（板书：前项，后项，比号）。比赛时，前项变了后项可以不变，后项

变了前项可以不变。煮饭时，前项变了后项必须变，后项变了前项必须变，一定要一起变。(见下图)

师：还有什么不同吗？

生2：饭的比例可以化简，2就是2份，3就是3份。4∶6就可以看成是又增加了一份，是原来的两倍。而比赛时的比是不能化简的。

师：谁能说得更明白一些，这两个比有什么不一样？

生3：比赛的比不能除以2，煮饭时的比可以除以2，因为这就是一个份数。但如果比赛的比除以2就成为1∶1.5了，没有0.5这样的球，除非把球切成一半。

师：煮饭讲的是份数，比赛讲的是分数。份数可以是0.5份，分数不能是0.5分，一定是1分1分加的。说得很好，还有吗？

生4：在比赛当中自己变了结果就不一样，但在煮饭中份数一起变还可以回到原来的状态。

师：分数能不能一会儿变大一会儿变小？

生：(齐答) 不能。

师：但是煮饭时，今天人多可以变成4，明天人少可以变成2，可以来回变。

3. 前、后项能否为0的区别

师：在这个比赛中，前后项可能是0吗？

生：(齐答) 可能。

师：在比赛中很可能会出现0，比如1∶0，0∶2，0∶3，2∶0，3∶0。但在煮饭中可能会出现0吗？

生：不会。

师：为什么不会？

生 1：如果米是 0 的话，就是在烧水。水是 0 的话就一直在烧米。

师：同意吗？

生 2：同意。

生 3：人多了分量就变多，人少了分量就变少，没有人的时候就不用烧了。

师：都是 0 的时候就没有饭了。如果前项为 0，饭就不是饭了，是水。如果后项为 0，饭就是米了。如果前后项都是 0，那就是空气了。因此在煮饭时，前、后项不可能出现 0，而比赛时可以出现 0，这又是一个差别。

师：现在我们来整理一下两者的差别。第一，比赛的比是一个分数，煮饭的比是一个份数。第二，比赛的前、后项可以自己变，煮饭的前、后项必须一起变，而且变的倍数是固定的。第三，比赛的前、后项可以为 0，煮饭的前、后项不能为 0。这就是两者的区别。虽然都是 2∶3，但是差别很大。(见下图)

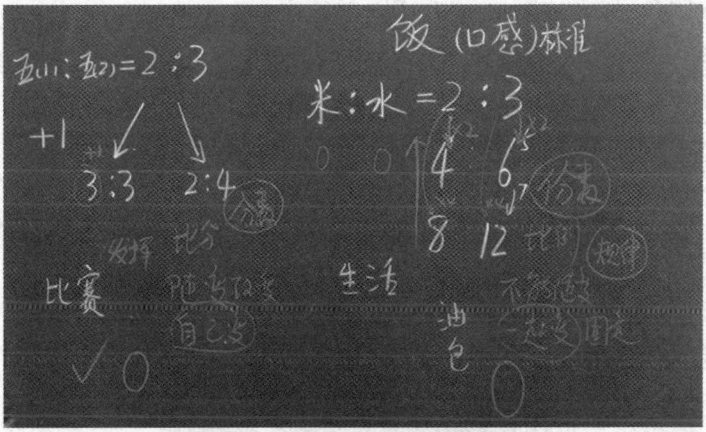

环节四　比的认识

1. 数学中的比

师：在数学中，如果要选择一个比进行研究，我们会选择哪一种作为研究对象？

生：（齐答）米和水。

师：为什么？

生1：因为比赛是一分一分加上去的，没什么可以研究的。但是米和水是几倍几倍加上去的，需要我们观察和探究。

生2：因为米和水增大或减小几倍都是有规律的，比赛的比是靠自己发挥的，没有规律。

师：煮饭的比的规律性非常明显，而比赛的比没有规律，是靠发挥的。数学通常选择有规律的进行研究，同意吗？

师：在数学中我们就选择煮饭的比作为研究对象，我们一起来认识这个比。（板书：比的认识）虽然比赛的比也是比，但不是我们研究的，所以我们把它擦掉，留下今天我们要学习的比。

2. 加深比的认识

师：我们曾经学过路程、时间、速度，谁还记得什么是速度？

生1：一辆汽车或者一架飞机每秒、每分、每时能行驶多少米或千米。

师：很好，就是单位时间里行驶的距离，每秒、每分、每时叫作单位时间。一辆汽车只要跑起来就有速度，现在这辆汽车1小时跑了120千米，请问2小时跑了多少？3小时跑了多少？

生：（齐答）240，360。（教师板书，见下图。）

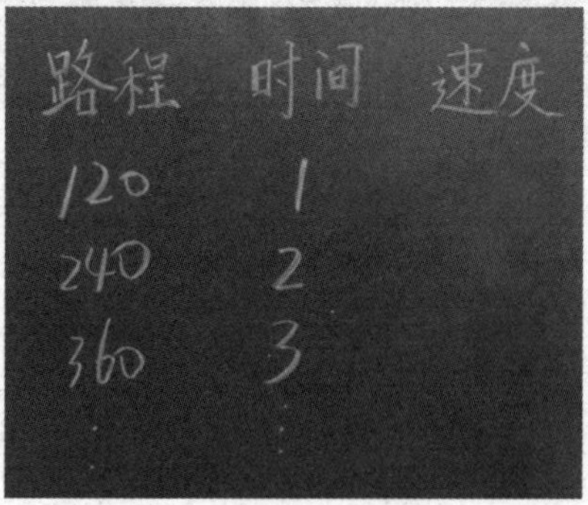

师：时间变了一定会带来路程的变化。这个变是乱变的吗？进行到现在，你有什么想法？发生了什么联系？

生2：路程和时间其实也是一个比。

生3：和之前的煮饭一样也是有规律的。

生4：这个和米和水一样都是有联系的，都是一个比例，都有一个固定的倍数。

师：大家发现路程和时间的关系就像米和水的关系，一个量的变化一定带来另一个量的变化，而且变的时候不能随意乱变，变的标准是固定的。所以再往下变，时间是4，路程一定是480。路程是600，时间一定是5。本质上，这也是一个比，速度就是路程和时间的比。(见下图)

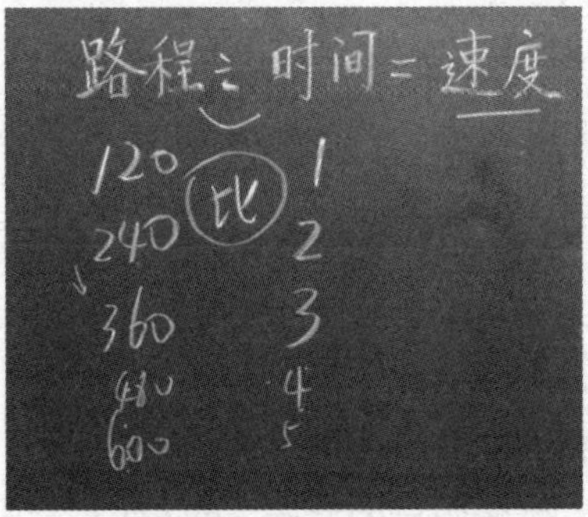

师：我们发现速度是路程和时间的比，你能不能联想到还有谁是谁和谁的比？谁能来举一反三？

生5：工作效率是工作总量和工作时间的比。

师：很棒，工作总量除以工作时间等于工作效率。你还能联想到哪些呢？大家可以课下慢慢思考。

师：今天我们认识了比，什么是比呢？

师：比就是我们吃饭时的口感，比就是两个量之间的关系。

在循序渐进中化解学习痛苦

——以“分数的初步认识”为例

很多人成长后，回忆起小学时的数学学习，经常有痛苦感。虽然不同人的痛苦感会有所不同，但深究起来，总有一些共同的地方，其中量率难分便是其中之一。

我们老师通过让学生做更多的题目以期学生明白的做法，是十分普遍的。这种做法，即是当下学生课业负担重的原因。

老师习惯于让学生多做题目的原因，是老师不知道用什么方法可以让学生明白。做作业，做更多作业，是老师没有办法或不知道好办法是什么的无奈选择。

所以，办法，才是老师专业水平的标志。

种子课

量率难分的痛点如何消

到了小学高段，有一个学习痛点就是量率难分，简单地说就是这样一道题目，学生觉得很难：

把 2 米长的绳子剪成 3 段，每段长（　　）米，每段是全长的（　　）。

这道题目每位数学老师都会讲了又讲，做了又做，但依然有学生会做错。

比这道题目更复杂的是分数的问题解决：

甲比乙多 $\frac{1}{4}$ 和甲比乙多 $\frac{1}{4}$ 米。

这个 $\frac{1}{4}$ 与 $\frac{1}{4}$ 米学生是不易明白的，它成为学生学习的一个痛点，这个痛点该如何消呢？

一、思考：痛点消除的对策是分隔认识

$\frac{1}{4}$ 米是作为一个量而存在的，就是一段占有长度的东西，是可触摸的。

$\frac{1}{4}$ 是作为两个量之间的关系而存在的，可触摸的是那两个呈现为 $\frac{1}{4}$ 关系的量，$\frac{1}{4}$ 本身是无法触摸的。与 $\frac{1}{4}$ 联结在一起的是一个“1”。“1”与“$\frac{1}{4}$”是虚的，两个量是实的，这两个虚的数与两个实的数之间存在着如下页所示的对应关系：

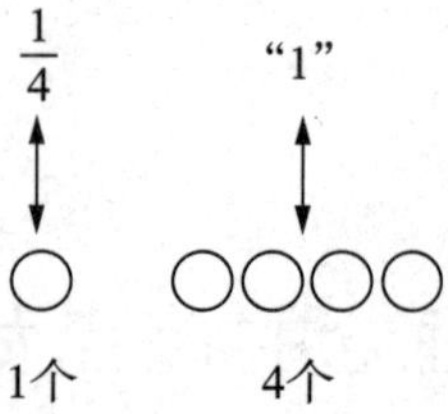

这种四个对象间的关系，对于学生来讲，实在是复杂的。如果我们把这么复杂的内容一次性呈现给学生，学生必然是乱的。

事实上，我们在学习分数的时候，也的确是一次性呈现的。（见下图）

把一个饼平均分成两份，每份 $\frac{1}{2}$，每份占全部的 $\frac{1}{2}$。

学生真的搞不清楚这两个 $\frac{1}{2}$ 间的差别，而且在“分数的初步认识”中，我们老师也基本不讲这两个 $\frac{1}{2}$ 的差别，而是忙着去讲分数是表示“把一个饼平均分成两份，取了其中的一份”。这种一样的意义加深了学生本已模糊的认为两个 $\frac{1}{2}$ 是一样的认识，以致后面非常难区分，最终形成一个学习的痛点。即便是成绩优秀的学生也多是根据老师不断重复的一些技巧来程序化地解决，其内心深处也对自己的解题过程缺乏安全感。

那么，这个痛点该如何解决呢？我们不妨参考一下两个有关的例子。

第一个例子是 2 个与 2 倍的区别（见下页图）：

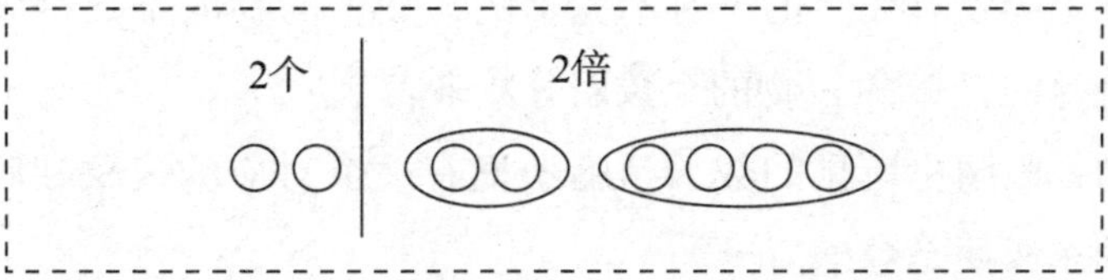

2 个表示的是一个对象的数量，2 倍表示的是两个对象间的关系。

尽管相对于分数，对自然数认识得更早一些，但同样存在量率问题，不过混淆的情况并没有发生。表面上看来，2 个与 2 倍只是“2”后面带有的一个字的不同。事实上，我们要思考的是，2 个是在一年级学的，2 倍是在二年级学的，对 2 个与 2 倍的认识上有时间前后的差别，个人认为这应该是学生不发生混淆的主要原因。

第二个例子是关于双胞胎的混淆。有一对双胞胎 A 与 B，如果第一次混淆了，后面便始终会混淆，但如果我们开始只与双胞胎中的 A 相识且变得十分熟悉后再去认识双胞胎中的 B，那么我们便不会觉得 A 与 B 十分难以区别了，会觉得其不同还是十分明显的。这种不同，可能不是来自器官的“形似”，而是来自人的感觉的“神别”，这种感觉就是我们说的数感。

只有一种感觉稳定了之后，再呈现另一种感觉，两种感觉便不会混淆，反而会因为另一种感觉的来临而让前一种感觉变得更深刻。

借鉴这两个例子，我们解决学生量率难分的对策便是让对量率的认识进行分隔。在三年级的“初步认识”中只教分数作为量的认识，在四年级的“再认识”中再教分数作为率的认识。

三年级“分数的初步认识”后面跟着的是“分数的大小比较”和“简单的分数加减法”，正好大小比较与加减都是可以用量来支撑的。剥离开对率的认识，是不影响三年级分数单元的知识学习的。

二、实践：剥离对率的初步认识如何进行

我们把“分数的初步认识”限定在“量”的范围内认识，认识范围得到了限制、聚焦，聚焦后努力做到深刻。

世界上的物有完整的，有不完整的，完整的物的个数用整数来表示，不完整的（碎的）物的个数用分数来表示。

须知，眼睛里所见的数，是脑子里有一个对应的表象在呼应，这个呼应的东西便是数感。

那个完整的物与碎的物的表象就是我们在初步认识过程中要建立起来的“感”，因数而感的数感。

（一）数是用来表示物的个数的

材料还是选用饼。老师出示饼，学生回答有几个饼，形成如下材料：

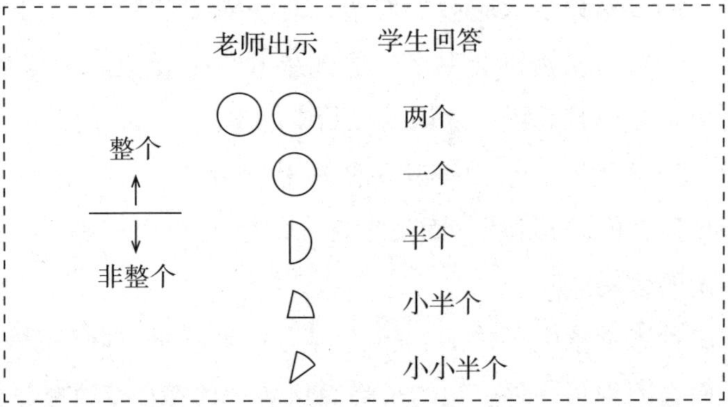

这份材料中学生的回答没有任何问题，这些都是他们在生活中学会的。可以把材料中的前两份饼与后三份饼分为两类，前两份饼都是整个的饼，后三份饼都是不完整的（碎的）饼。

接着，我们与学生讨论：用数来表示的话，这些饼的个数分别选择哪个数呢？

两个用 2 个。

一个用 1 个。

半个用 0.5 个（“小数的初步认识”已经学过了）。

小半个用 0.3 个？

小小半个用 0.2 个？

后面就开始乱了，学生自己也开始迷惑了，发现小半个、小小半个的数是有问题的。

有问题的时候，就是我们学习开始的时候。

这份材料进行到这里，学生基本形成了这样的问题：这些不完整的（碎的）饼用数来表示有困难了。

半个和小半个是生活用语，非精确的。当用一个数来表示的时候，必须是精确的，如果0.5是精确的话，那么0.3精确与否，学生们自己也开始怀疑了。

（二）碎的饼是怎么得到的

“学习的堵点已经碰到了，今天我们就来研究这些不整的饼的大小用哪些数来表示。先以半个饼为例，请同学们回答，半个饼是怎么得到的？”

这段话是本课时学习内容的一段关键的话，这段话中有一个关键的问题：半个饼是怎么得到的？

学生回答：把一个饼切成两块。

这个回答基本确定了半个来自一个的事实。

切成两块，是得到半个的方法。

接着问：切成两块有要求吗？是随便切吗？

孩子肯定会回答：切在正中间。

再问：为什么要切正中间？

学生会回答：因为切在正中间才能保证两边一样大。

老师引领学生提升一下：两边一样大，这种切法在数学里用哪种说法？

学生会回答：平均分。

通过以上对话，得到如下结论：

把一个饼平均分成两块，一块是半个。

这个句式，其实就是$\frac{1}{2}$的意义了。这个意义其实就是孩子们谁都会的一个说法而已。

数学，其实真的很简单。半个，怎么得到的，估计三年级的小朋友都会知道。

(三) 用数学的方式来记录怎么得到的

本课时进行到这里为止，孩子们都在用他们生活中“活明白”的东西来回答老师的问题。接下来可以把半个是怎么得到的文字记录转化成数学符号来记录，由老师告知即可。

平均分成，记录为：—（小短线）；

两块，记录为：2；

一块，记录为：1。

形成如下板书：

文字记录：把一个饼平均分成两块，一块是半个。

数学记录：— 2 1 $\frac{1}{2}$

接着来研究“小半个”是怎么得到的。

讨论结果是：把一个饼平均分成三块，一块是小半个。请同学们把文字记录转化成数学记录 $\frac{1}{3}$ 。

依此类推：小小半个，记录为 $\frac{1}{4}$ 。最终形成以下板书：

两个	2个
一个	1个
半个	$\frac{1}{2}$个
小半个	$\frac{1}{3}$个
小小半个	$\frac{1}{4}$个

半个是怎么得到的？

把一个饼平均分成两块，一块是半个【文字记录】

— 2 1 $\frac{1}{2}$【数学记录】

（四）感受分数的过程与结果的统一性

这里省去教学过程中关于分数的读法、各部分名称及表示意义的教学，重点谈突出分数作为记录与结果统一性的这部分教学。

出示材料：$\frac{1}{5}$。

问学生们：看到这个分数，同学们想到了什么？

结论一：

（1）想到一个过程——把一个饼平均分成五块，一块是 $\frac{1}{5}$ 块。

（2）想到一个大小，这是比 $\frac{1}{4}$ 块还要小的一块饼。

结论二：

（1）从过程看，分母越大，分的次数越多。

（2）从结果看，分母越大，每块的大小就越小。

三、过程，是消除量率难分的关键

为了讲清楚这个问题，还是要提一下“分数的再认识”怎么上。

分数的再认识，主要认识分数是表示两个量之间的关系。两个量之间的关系是基于两个量之间的比较而来的，没有比较，就没有关系。

学生关于两个量之间关系比较的认识基础是二年级的“倍的认识”，所以，“分数的再认识”的切入口选择“倍的认识”的复习：

材料　A　○○　○○　○○

　　　B　○○

问题：A是B的3倍，那么，倒过来，B是A的多少呢？

对这个问题的讨论，一开始就从两个量入手，强化了比较。3 份中的 1 份写作 $\frac{1}{3}$。

有了这个做基础，再回到分饼去，一块饼与三块饼去比，一块饼是三块饼的 $\frac{1}{3}$ 。

这个过程，始终是在比较。

有了这些简单的介绍，我们不难发现：

	初步认识	**再认识**	
过程	得到一块不完整的碎饼 （从完整的一个饼中分割开来）	比较两个量之间的关系 （把一个量当成整的，作为标准）	感
结果	$\frac{1}{3}$	$\frac{1}{3}$	数

尽管从结果上来看，都是 $\frac{1}{3}$ 这个数，但是从过程上来看，两个过程具有显著的差别，这种显著的差别完全可以消除量率难分的痛点。

因此，消除量率难分的痛点的根源在于体会到分数的过程与结果的统一性，而这种统一性是由老师在教学过程中带领学生充分地体会过程与结果中形成的。

现在，我们的教学缺失了学生对过程的体验。学生直接面对 $\frac{1}{2}$ 与 $\frac{1}{2}$ 个，没有相应的过程支撑，只是记住有单位没单位，学习就会变得十分机械而痛苦。

分数的初步认识与再认识就是这样两节种子课。把这两节课上好了，这个量率难分的痛点也就消除了。

量率难分的痛点消除了，后面关于分数的问题解决就不会混乱了，因为问题解决本来就是一个过程的结果。

深度学习

遵循顺序才能彻底深刻

俞正强老师提及的量率难分的痛点，是小学数学长久以来难以化解的难题。王策三先生在 1985 年出版的《教学论稿》里就提到过类似的例子。“某区小学升学考试中，有这么一道算术题：‘有两条绳子，第一条长 4 米，它比第二条绳子短$\frac{1}{4}$米，问第二条绳子长多少米？’某班错误率达 53%，而且 70%左右的学生列式都是 $4\div(1-\frac{1}{4})$。……学生把‘量’和‘率’混淆了，把$\frac{1}{4}$米看作了‘率’，把这道题看作了求‘整数 1’类型的题，又简单地一看见短，就想到减法。……因为错误率达 53%，同样的错误列式达 70%，就不能认为只是学生的问题，而应该认为是教师的问题。”①

学生的错误率如此之高，教师确实要承担责任。例如，概念教学含混，只教套路、不引导思考等，是这类教学的通病。就“量率不分”这个具体的例子来说，又有着更直接的原因，即俞老师所说，“量率”混杂，模糊了量率的区别，加大了学生学习和理解的难度。如此教学，既不符合知识逻辑，也不符合学生的认知逻辑，没有考虑学生学习的顺序性，没法实现理解的彻底性。这个难题长久以来依然顽固而没能消除，说明多年来我们对学生学习的困难熟视无睹、麻木不仁。所幸，俞老师不仅找到了量率难分的原因，也找到了化解的方法。

一、要符合学生的认知特点，循序而行

从整数到分数，是学生数感发展的关键一步。在彻底掌握分数之

① 王策三．教学论稿［M］．北京：人民教育出版社，1985：314-315.

前，学生的世界里，数都是“整的”，如1、2、3……，突然之间让他们接受“不整的数”（分数），还要用这样的数来表示物体的大小，是有巨大困难的。例如，“小小半个饼”究竟是$\frac{1}{4}$还是$\frac{1}{5}$？是$\frac{1}{4}$大还是$\frac{1}{2}$大？对学生来说，是非常困难的。如果把量率放到一起，便是难上加难、雪上加霜，对大多数学生来说不啻是痛苦的灾难。例如，把4个苹果看作“整体1”，而把1个苹果看作这个整体1的$\frac{1}{4}$，对于学生来说更是天大的困难。在“一个苹果是1个”和“1个苹果是4个苹果的$\frac{1}{4}$”之间，存在着天堑般的鸿沟，需要经历无数个思想上的转化和消化，不仅学生自己难以跨越，即便有了老师的帮助，在学生还没有建立“不整的数”的观念之前，将量与率混在一起学习，也难以做到量率分明。因此，分数的学习，首先要突破的就是已经扎根学生心底的整数的常识和观念，然后才能帮助学生接受和建立起新的观念。

所以，首先要循序而行。

教学要循序而行是古今中外的共识，我们常说学不躐等、不陵节而施，都是说的循序渐进。夸美纽斯也特别强调“序”的重要性。他说：“使学生先知道最靠近他们的心眼的事物，然后去知道不大靠近的，随后去知道相隔较远的，最后才去知道隔得最远的。所以，孩子们头一次学习什么东西（如同逻辑或修辞学），所用的解释……应从日常生活中去取用。否则孩子们是既不会懂得规则，也不会懂得规则的运用的。”①

这段话就是在朴素地强调学习的内容、方式要与学生的心理相合拍，要由近及远、由易到难，循序渐进。倘能做到循序而行，则学习才能彻底、通透，清楚明白而不含混模糊，如夸美纽斯所言：“对学生

① 夸美纽斯．大教学论［M］．傅任敢，译．北京：人民教育出版社，1985：112.

所应学习的学科应该对他们彻底讲解清楚，使他们了解，如同了解他们的五个指头一样。"① 这样的彻底、明白，才能使后续学习有好的基础。"除非有了基础或根柢，自然不在任何事物上面起作用"②。

回到分数的"量率"区分问题，其"序"则是先"量"后"率"。必须先打下"量"的基础和根柢，才去学习"率"以进一步深化和扩展对分数的认识。俞老师正是这么做的，他"把'分数的初步认识'限定在'量'的范围内认识，认识范围得到了限制、聚焦，聚焦后努力做到深刻"。这就是在"序"摆对了的前提下实现"彻底"的做法，是引发学生深度学习的做法，不是浮光掠影，而是入木三分。

也许有人说，深度学习不是强调学习要有挑战性，教学要走在发展的前面吗，那么循序渐进太慢了，量率一起出现不仅难度大有挑战而且速度更快，可以高速度地促进学生的发展啊。事实上，这是对深度学习的误解，也是对学生发展的误解。教学对发展的促进，在于学生今天不能独立完成的任务，在教师的帮助下可以完成，而今天在教师帮助下完成的任务，明天便成为学生可以独立完成的，这便是学生成长的标志。而量率混杂教学带来的后果是量率不分、不能完成分数的问题解决，证明了量率混杂的教学是"欲速则不达"，教学并没有促进学生的发展，反而阻滞了学生的发展。因此，依序而行，将"率"剥离出去，让学生先明白分数的"量"的意义，是分数教学的重要转变。

二、用经验的土壤，种下"分数"的观念

分数的观念，如何能够深种学生心间？俞老师先从"量"入手。

对小学生来说，"量"就是事物的个数，这是清楚明白的。所以，俞老师选择用学生熟悉的"饼"作为学生观察和思考的直接对象。两个饼、一个饼、半个饼、小半个饼、小小半个饼……，对老师按序给

① 夸美纽斯．大教学论［M］傅任敢，译．北京：人民教育出版社，1985：116.
② 同①122.

出的“饼”，学生可以轻松说出饼的“数量”。——这就是俞老师一直说的“这是活明白的”，是在生活中耳濡目染就明白了的，是不需要教的。但这种不需要教的“明白”，并未成为学生自觉思考的对象，只是懵懂待在心里。当老师在课堂上把它们按序呈现出来，让学生说出数量时，学生就开始把它们作为观察和思考对象，并且开始意识到“饼”有“整”有“碎（不整的）”。这样，就为后面的分数（不整的数）的出现打下了心理伏笔。

用语言说出来表示饼的数量只是经验唤醒的一步，还必须提出数学学习的任务，即：用数字来表示饼的数量，这便要从学生熟悉的表达引向新的未曾有过的表达方式，从整数引向分数。用数字表示饼的数量，就是把“活明白”的转化为“学明白”的。两个饼用2个、一个饼用1个、半个饼用0.5个来表示，非常顺利，能够直接对应且无异议，但对小半个、小小半个如何用数字来表示，意见就不同了，这正说明学生的生活中是没有明确的分数的概念的，难以用数学语言来精确表示生活中存在的“不整的饼”。生活中没有“活明白”，就需要学习来补充——从明白处看出不明白，从熟悉处发现陌生，是学生学习的天然动力。这样引入，比直接告诉学生什么是分数更能让学生产生学习的内在愿望。

如何用数字来准确表示那些“不整的饼”？俞老师依然利用学生的经验，依靠学生自己的主动思考来达到目的。老师所要做的，就是提出关键问题。这样的问题必须满足几个条件：（1）能利用现有的经验和水平主动思考来解决；（2）能提升学生思考的条理性、系统性。这样的问题就是学生能理解、能回答而且能自然而然提升水平的，即看起来简单但实质是深刻的问题。俞老师的问题非常典型，抓到了学生经验和思考的关节处：“半个饼是怎么得到的？”在老师的引导下，学生便渐渐将生活经验条理化、清晰化：“把一个饼平均分成两块，一块是半个。”这样回答，就是分数“$\frac{1}{2}$个”的意义了。正如俞老师所说：

“数学，其实真的很简单。半个，怎么得到的，估计三年级的小朋友都会知道的。”这样的简单，就是因为教师找到了从学生经验出发的路子，引导学生从自己的经验中长出了分数的意义。而把文字表达转化为数字记录，就更简单了。虽然是老师告诉的，但因为学生明了其每一个字的由来，因而对每一个数字符号都能心领神会，感觉亲切而有意义，“完整的物的个数用整数来表示，不完整的（碎的）物的个数用分数来表示”这样的观念就能够深入心间。

因为有了关于“$\frac{1}{2}$个”的充分讨论的基础，接下来关于小半个、小小半个的讨论就水到渠成、一路顺畅，可以看作对“$\frac{1}{2}$个”意义的推演与积极巩固。

知道了用分数来表示“不整的物”的数量意义，知道了分数的写法、读法，关于分数的初步认识就基本形成了。从俞老师的课上可以看到，这个形成过程是具体经验的条理化、自觉化、抽象化的过程，是由生活经验上升为数学表达的过程。要想让学生真正理解和巩固用分数来表示“量”的意义，还必须让学生再经历一个从抽象到具体的过程，即从抽象的符号中看出具体的意义来。因此，俞老师出示了材料$\frac{1}{5}$，问：“看到这个分数，同学们想到了什么？”

这份材料的出示，一方面，引导学生把这个抽象的分数的经验意义表示出来，即“把一个饼平均分成五块，一块是‘$\frac{1}{5}$块’”，能够想到分数大小的比较，即“$\frac{1}{5}$块”是比“$\frac{1}{4}$块”小的一块；另一方面，由于黑板上存有之前的板书，从2个、1个、$\frac{1}{2}$个、$\frac{1}{4}$个、$\frac{1}{5}$个有序排列，学生能够看到分母越来越大，饼的量却越来越小，所以学生得出结论，“从过程看，分母越大，分的次数越多；从结果看，分母越大，每块的大小就越小”。到这里，用分数来表示“量”，在学生的头脑和心灵里就都是自觉和清晰的了。他们不仅突破了数只有整数的观念，建立了用分数去表示“量”的观念和技能，而且能够分辨出不同分数所表示的量的大小，进而能够比较分数的大小。这是一个了不起的成长。

这个成长过程，因为有俞老师的引导，流畅自然而又扎实牢靠。学生清楚地知道分数的“量”的意义，就如了解自己的五指一样，清楚明白，这样，就为“量”“率”区分打下了坚实的基础。

三、深化扩展，深到学生心里去

在“分数的初步认识”那里，“量”是对一个“不整的”物的数字表示，与可见可触的物相对应，不涉及两个数的比较。

“分数的再认识，主要认识分数是表示两个量之间的关系。”要弄清楚的是“率”，来自两个“量”的比较，因而要把一个量当作整的、当作标准去对比另一个量。因此，讨论“率”要涉及两个步骤：(1) 把哪个量当作“整的”、当作标准；(2) 两个量进行比较。这个认识过程，依然要从学生已有的经验和认识中找根据。

二年级的“倍的认识”就是两个量的比较。俞老师从倍的认识入手，直击两个量的比较，将分数的再认识作为倍的认识的逆运算，强化了对“率”是两个量的比较的本质，直接有效。不仅可以帮助学生建立起“两个量的比较”的基本线索，而且突出了分数的“量”“率”区别，使学生对分数有了全面的认识和理解的深化，至少不会糊里糊涂地犯量率不分的错误。

对分数的初步认识与再认识，解决不同的问题，经历不同的过程，突出各自的重点，体现了知识的序和学习的序，在有序的学习中让学生深化、扩展对分数意义的认识和理解。

这样的教学过程，就是依序而行的典范。

泰勒在谈到课程编制时说了这样一段话，非常适用于量率区分的这个话题。他说，在编制一组有效地组织起来的学习经验时，必须符合三项主要的准则，即连续性（continuity）、顺序性（sequence）和整合性（integration）。“顺序性与连续性有关，但又超越连续性。如果完全只是在同一水平上一遍又一遍地重现一个主要的课程要素，便不可能使学生在理解、技能、态度和其它某些因素方面有不断的发展。作为一个准则，顺序性强调：重要的是把每一后继经验建立在前面经验基础之上，同时又对有关内容作更深入、广泛的探讨。例如，……自然科学中‘能量’这个概念的顺序性发展，要求在后面每一次提及‘能量’概念时，都要有助于学生更广泛和更深入地理解‘能量’这个术语所包括的更广和更深的涵义。顺序性强调的不是重复，而是在高层次上处理每一后继的学习经验。”①

泰勒所说的顺序性正是一切教学都要重视的基本原则。首先，知识在结构中在系统中，既有关联也有顺序；学生的学习也应该是有顺序的，是依从学生心理的认知顺序，依序而行的；其次，顺序性意味着后续的学习要建立在前面经验的基础上，因而前面的经验要为后面的经验打好基础，教学要整体考虑分步实施；最后，顺序性意味着要有不断进阶，后面的学习要对前面的经验与认识加以扩展与深化，让学生的头脑、心灵与境界不断得以提升。

教学如能依序而行，才能彻底而透彻，深刻而愉悦。这正是深度学习所追求的。

---

① 泰勒．课程与教学的基本原理［M］．施良方，译．北京：人民教育出版社，1994：68.

附：课堂教学实录

【教学年级：三年级；教材版本：北师大版】

环节一 初识分数

1. 由整到碎，认识分数

师：老师带来一些黄色的圆片，就把它们当作饼好不好？来，同学们告诉我，黑板上有几个饼。（见下图）

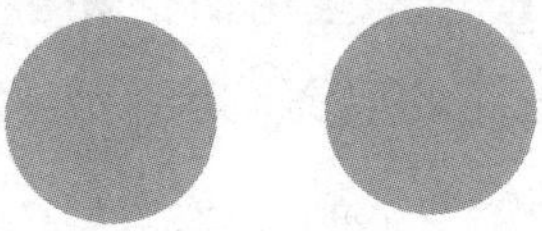

生：2个。

师：难不难？

生：不难。

师：那现在老师手上拿了几个饼？（见下图）

生：1个。

师：这是几个饼啊？（见下图）

生：3个。

师：同学们，现在老师手上拿了几个饼？（见下图）

生：半个。

师：对了，这是半个饼。接着老师手上拿了几个饼？（见下页图）

生：半个，半个不到，四分之一。

生 1：$\frac{1}{3}$。

师：$\frac{1}{3}$个饼，三分之一是什么意思？

生：一个分成三份。

师：把一个饼平均分成三份，其中一个叫三分之一，对吧？大家学过啦？

生 2：没有。

生 3：学过。在课外班学的。

师：$\frac{1}{3}$是个什么数啊？

生：分数。

2. 分数的读写法

师：三分之一都会写了吧？在草稿本上写一个。

师：我看就一个小朋友是这样写的。（板书：$\frac{1}{3}$。）

师：还有没有不同的写法？

师：（板书：$\frac{3}{1}$）同学们，有两种写法，哪一种是对的？

生：第一种。

师：第一种对是吧？第二种对不对啊？

生：不对。

师：（指$\frac{3}{1}$）怎么读这个分数？

生：一分之三。

师：（指$\frac{1}{3}$）这个分数呢？

生：三分之一。

3. 分数各部分名称

师：这个 3 叫什么？

生：分母。

师：3 叫分母。这个 1 叫什么？

生：分子。

师：这个 1 叫分子。这条线呢，叫什么线啊？

生：分数线。

教师板书：

分子	1
分数线	—
分母	3

师：分数线表示什么意思啊？

生：分掉的。

师：同学们，课外班除了教大家，它是分数，什么是$\frac{1}{3}$、分数线、分母、分子外，还教大家什么东西了？

生 1：怎么去运用它。

师：你来说说有哪些运用。

生 1：就是，分母不能是分子的两倍。

师：分母不能是分子的两倍？比方说，分子是 1 的话，分母不能是 2，对不对啊？

生 2：不对，分子是 2，分母不能是 1。

师：是这样吗？同学们，既然大家已经在课外班学过分数了，那我们今天还要不要再学分数呢？

生：要。

师：我看没学过的没几个，大部分都学过了。你没学过是吧？真

正没学过的小朋友有哪些，举下手看看？12个小朋友没学过哦。就12个小朋友没学过，那你们知道不知道分数这个事情啊？

生：知道。

师：那没学过是怎么知道的？

生3：听说的，在××试卷里。

师：在××试卷里学过的，是吧？那你有没有听说过分数啊？

生4：没有。

师：从来没听说过？那你知道分数有分子、分母吗？分数线知道吗？

生4：知道。

师：分数线知道，分子、分母不知道啊？我们统一一下啊，分数是由几部分组成的？

生：三部分。

师：分数是由三部分组成的。（指着分数线）一部分是什么？

生：分数线。

师：（指着分母）这一部分是——

生：分母。

师：（指着分子）这一部分是——

生：分子。

师：读作——

生：三分之一。

师：都会了没有？

生：会了。

环节二　分数的意义

1. 感受分数表示碎的物体

师：我们接下来研究，分数是怎么来的；分数线表示啥意思，分母表示啥意思，分子表示啥意思。

师：同学们看看这是几个饼？

生：两个。

师：两个饼用一个数字表示，用几？

生：2。

教师板书：2。

师：一个饼用一个数字表示，用几？

生：1。

师：半个饼能用这样的数字表示吗？

生：不行。

师：这些饼有什么不一样？（见下图）

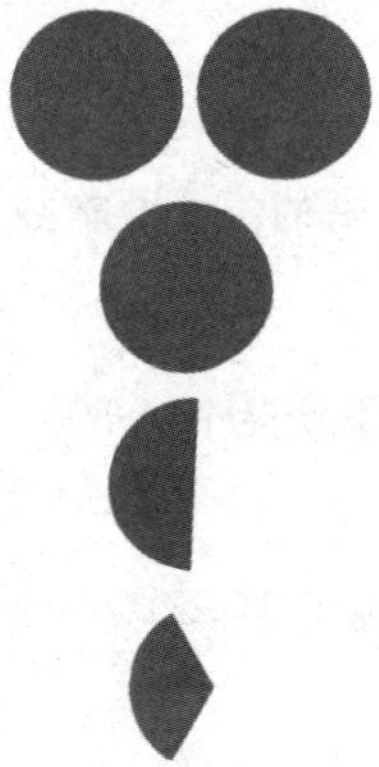

生1：因为上面两个都是整数的饼，下面的无法用整数表示，因为它不到一个，所以必须要用分数表示。

师：（指着整的饼）这些饼都是怎么样的？

生2：整数的。

师：（指着不到1个的饼）这些饼呢？

生3：分数。

生4：不整。

师：不整的饼都是怎么来的？

生5：掰开来的。

师：这些饼都是不整的。对不整的用另外一个字，叫什么字？

生6：不到1个。

师：不整的，另外的说法是什么？同学们，这样的饼，我们通常说是碎。(指着整的饼）同学们，这些饼都是怎么样的？

生：整的。

师：用什么数表示？

生：整数。

师：(指着不到1个的饼）这些饼都是——

生：碎的。

师：因此整数能表示吗？

生：不能。

师：于是我们用什么数啊？

生：分数。

2. 理解分数$\frac{1}{2}$的意义

师：那么怎么用分数表示它呢？$\left(\text{指着}\frac{1}{2}\text{和}\frac{1}{3}\right)$它是怎么样表示的呢？我们来研究。

师：同学们，看到老师今天黑板上用红粉笔写的一行字了没？读一下。(见下图)

学生读。

师：我们要用分数来表示这些饼的大小，关键要思考一个问题。——它是怎么得到的？(拿起半个饼的图片）你得到过半个饼吗？你吃过半个饼吗？

生：吃过。

师：那半个饼是怎么得到的？你说。

生1：切来的。

师：半个饼是从几个饼切来的？

生1：一个。

师：把一个饼切成半个，他说半个饼是切来的，还可以怎么来？

生2：掰开来。

师：同学们，我要半个饼，你们随便一切、随便一掰就是半个吗？

生：不是。

师：那你说关键要怎么切？

生3：要均匀地切。

师：怎么样才能均匀地切？

生4：沿着直线切。

师：还有吗？

生5：对角后沿着折痕切。

生6：对折。

生7：沿着折痕切。

师：（整理学生语言）沿着折痕切对吧？饼能对折吗？

生：不能。

师：那怎么办啊？你说。

生8：把饼的中心点找出来，然后沿着圆的两边直线切出来。

师：（整理学生语言）要沿着中心点切，切在正中间。从中间切的两边就一样大，就得到半个饼。同学们，这种切在正中间的切法在我们数学里叫什么？

生：平均分。

师：对，在我们数学里的说法是平均分。一定是平均分成两块，一块就是半个。现在讲清楚没有？怎么得到的？一起说。（板书：把一个饼平均分成两块，一块是半个。）

生：把一个饼平均分成两块，一块是半个。

师：这个本领谁教你的？

生：您教的。

师：我教你的吗？真的吗？我教过你们分饼吗？谁教你们分饼的？

生9：书上。

生10：我奶奶。

生11：我爸爸教我的。

生12：郑老师（数学老师）教我的。

师：一根油条分成半根，你会分吗？怎么分？这点功夫谁教你的？自己教的，要不要别人教？

生：不用的。

师：不需要人教，既不是校长教的，也不是郑老师教的，谁教明白的？

生：自己。

师：你活着活着就明白了。好，同学们，这半个饼是怎么得到的？

生：把一个饼平均分成两块，一块是半个。

师：这件事情需要人教吗？

生：不需要。

师：对，不需要人教。很多知识是不需要人教的，活着活着就会了。同学们，今天我们要学一点真功夫了。怎么得到的这个“会”，我们用几个字把它记下来，数数看（指着“把一个饼平均分成两块，一块是半个”）。

生：15个字。

师：我们把这一件事情记录下来用了多少个字？

生：15个字。

师：（指着文字）这种记录方法是谁教你的？

生：金老师（语文老师）。

师：今天我们来学习一种新的记录方法，这个不是你自己活会的，是要我教你的。现在数学老师出场了，在数学里，对“平均分成”这四个字，只要画一条小短线就可以了 。这条小短线表示啥意思？

生：平均分成。

师：简单不？

生：简单。

师：再问你一个问题，“两块”在数学里用什么数来表示？

生：2。

师：一块呢？

生：1。

师：好，再把这三个东西拼起来。把 2 放到短线的下面，把 1 放到上面，这就是$\frac{1}{2}$，容易吗？（见下图）

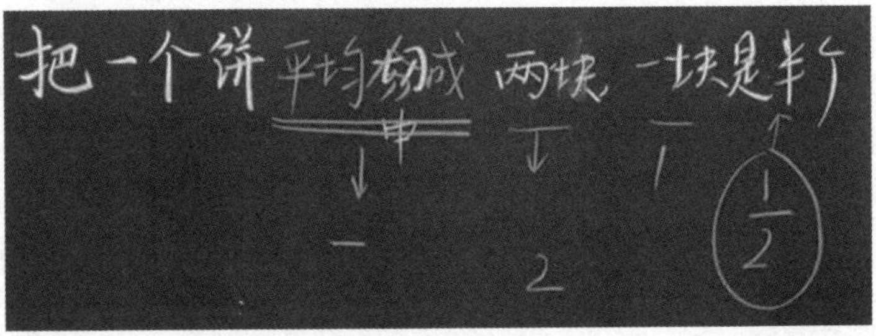

生：容易。

师：你看这短线表示什么意思？

生：平均分成。

师：这个 2 表示什么意思？

生：两块，分成两块。

师：它表示的是分成的块数。（板书：分成的块数。）

师：这个 1 表示什么？

生：1 块。

师：拿到的块数，对不对？（板书：拿到。）

师：合起来就是什么？

生：大小。

师：这个大小我们用几分之几来表示？

生：$\frac{1}{2}$。

师：对分数是怎么来的有感觉没有？分数是在干吗？

生：平均分。

师：分数就是用来记录怎么得到的。这种记录方式可以用文字，也可以换成数字记录。换成数字记录就变成了我们今天的什么数？

生：分数。

师：这个在课外班学到过没有？

生：没有。

师：原来分数是在记录得到的过程。

3. 理解几分之一

师：现在我要用分数来表示它的大小。$\left(\text{指着}\frac{1}{3}\text{个饼，见下图}\right)$首先我要做一件什么事情，谁来回答？

生 1：记录。

生 2：先写 3，因为它是平均切成 3 块，一块是$\frac{1}{3}$。

师：同学们，他在说什么事情？

生 3：记录。

生 4：这块饼是怎么得到的。

师：请问这块饼是怎么得到的？一起说。

生：把一个饼平均分成 3 块，一块是$\frac{1}{3}$。

师：（指着$\frac{1}{2}$个饼）它是把一个饼平均分成几块？

生：半块。

师：把一个饼平均分成几块？

生：2块。

师：一块是多少？

生：半个。

师：（指着$\frac{1}{3}$个饼）那这块饼是怎么得到的？

生：3块。

师：刚才同学们说了，它是把一个饼平均分成了几块？（拿出平均分后的其他2块，见下图。）

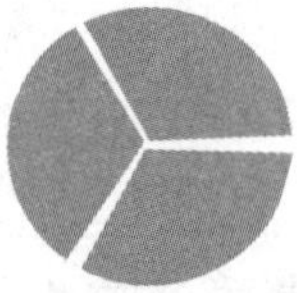

生：3块。

师：他不是平均分成2块了，是几块了？

生：3块。

师：那么1块是多少呢？

生：$\frac{1}{3}$。

师：我们来记录，平均分成用——

生：小短线。

教师板书：分数线。

师：分成了几块呀？

生：3块。

师：3块写在哪里？

生：下面。

教师板书：3。

师：拿出来几块呀？

生：1块。

师：写在小短线的——

生：上面。

教师板书：1。

师：得到了几个？

生：$\frac{1}{3}$个。

教师板书：个。

师：读作——

生：三分之一。

教师板书：三分之一。

师：又一块饼拿出来了。$\left(\text{板贴}\frac{1}{5}\text{个饼，见下图。}\right)$

师：这块饼是变大了还是变小了？

生：变小了。

师：这块饼因为是碎的，所以用什么数来表示？

生：分数。

师：我们要用分数来表示它，首先我们要想一个什么问题？

生：是怎么得到的。

师：太棒了，它是怎么得到的？（板贴剩下的4块，见下图。）

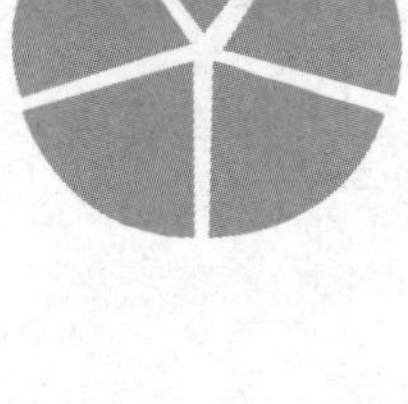

生：把一个饼平均分成5块，一块是$\frac{1}{5}$个。

师：分成几块了？

生：5块。

师：分成了5块，一块就是它的多少？

生：$\frac{1}{5}$。

教师板书：$\frac{1}{5}$个。

师：同学们，大家发现了没有，饼为什么会越来越小？

生5：切掉了。

生6：被吃掉了。

师：同学们，饼为什么会越来越小？

生7：因为分得越来越多。

生8：分母越来越大。

师：为什么分母越来越大？因为哪个在变？

生9：块数。

生10：分成的块数在变。

师：从2块变成了3块，又变成了5块，分成的块数在变多，就是——

生：分母在变大。

师：分母在变大，这块饼怎么变？

生：这块饼在变小。

师：这件事情很难吗？

生：不难。

师：我们发现这个分母越来越大，这块饼就越来越小。依此类推，如果我写一个分数。$\left(板书：\frac{1}{12}\right)$你会读吗？

生：十二分之一。

师：这个分数是怎么得到的？

生：把一个饼平均分成 12 块，一块是$\frac{1}{12}$。

师：哪个东西在变？

生：分成的块数在变。

师：我们拿的总是几块呀？

生：1 块。

4. 理解几分之几

教师展示下图，并分别提问是多少个。

生：都是$\frac{1}{3}$。

师：一样吗？

生：一样。

师：都是三分之一，现在又来了，大家看仔细。(展示下图)

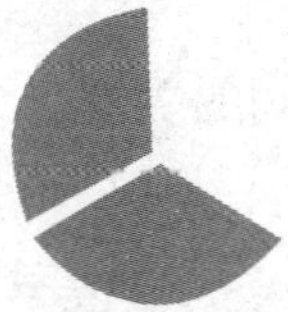

师：请把饼的大小用分数来表示并写下来。同学们一起说——

生：$\frac{2}{3}$。

师：注意写的时候要先写——

生：小短线。

师：平均分成几块？

生：3 块。

师：我这里有几块？

生：2 块。

师：拿了 2 块，因此是$\frac{2}{3}$个。（板书：$\frac{2}{3}$个。）

师：对的请举手。现在我又把这块饼放进去了。（展示图片，见下图。）

师：请问现在是多少？

生 1：$\frac{3}{3}$个。

生 2：等于 0 个。

生 3：等于 1 个。

师：它是怎么得到的？

生：把一个饼平均分成 3 块，3 块是$\frac{3}{3}$个。

5. 理解整数 1 和假分数$\frac{a}{a}$之间的关系

师：（展示：$\frac{1}{5}$个饼）用分数怎么表示？

生：$\frac{1}{5}$。

师：（展示：其他 4 个$\frac{1}{5}$的饼）分别是几？

生：$\frac{1}{5}$。

师：黑板上放了几个$\frac{1}{5}$？

生：5 个。

师：厉害的来了，请问这块饼用分数来表示是（依次展示下图）——

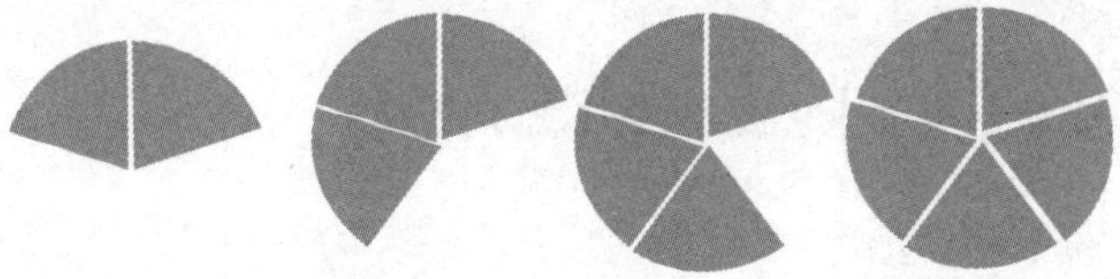

学生回答饼的个数。

师：（指着$\frac{2}{2}$个饼）请问这是多少个饼？

生：$\frac{2}{2}$个。

师：（指着整个的饼）请问这是多少个饼？

生：1 个。

师：这 1 个饼和$\frac{2}{2}$个饼有什么地方是一样的，什么地方是不一样的？

生：$\frac{2}{2}$个饼合起来也是一个饼。

师：他说这$\frac{2}{2}$个也是一个饼，大小一样吗？

生：一样。

师：大小是一样的，那么不一样在哪里？

生 1：一个是由$\frac{1}{2}$个饼拼起来的，一个是没有拼的。

教师板书：拼。

师：拼之前先干什么事情？

生：先分。

师：（指着整个的饼）它被分过了吗？

生：没有。

师：$\left(指着\frac{2}{2}个饼\right)$它被平均分成了几份？

生：2份。

师：$\left(指着\frac{3}{3}个饼\right)$它被平均分成了几份？

生：3份。

师：$\left(指着\frac{5}{5}个饼\right)$它被平均分成了几份？

生：5份。

师：$\frac{5}{5}$、$\frac{3}{3}$、$\frac{2}{2}$、1大小一样吗？

生：一样。

师：但是它们$\left(指着\frac{5}{5}、\frac{3}{3}、\frac{2}{2}\right)$都被分过，它（指着1）没有被分过，没有被分过所以是——

生：整的。

师：它被分过所以是——

生：碎的。

师：碎的用什么数来表示？

生：分数。

师：整的用什么数来表示？

生：整数。

环节三　总结全课

师：同学们，这节课学到这里你明白分数是什么了吗？我们今天这节课最重要的问题是哪个问题？

生：分数是怎么得到的。

师：太棒了。这个问题是今天最重要的问题。我们要用分数来表示它的大小，首先要想一个问题：它是怎么得到的。怎么得到的这个

事情需不需要人教？

生：不需要。

师：我们自己会的，我们把会的记下来用了几个字？

生：15个字。

师：这个功夫是谁教我们的？

生：自己。

师：语文老师教我们的。我们今天换了一个什么记录方法？把平均分成写成一条——

生：小横线。

师：把两块变成了——

生：2。

师：一块变成了——

生：1。

师：半个就变成了——

生：$\frac{1}{2}$。

师：这点功夫是谁教的？所以你看到这个分数就看到了怎么得到的过程，同时看到这个分数就看到了一个大小。今天老师带大家学了这个过程，有新的收获吗？

生1：这节课我学到了分数的过程和分数是怎么得到的。

生2：我了解了分数是怎么得到的。

生3：这节课我学会了记录。

生4：以前我会把分母写在上面，现在我明白要把分母写在下面。

师：谢谢大家，这节课就上到这里，下课。

叁 种子课达成深度学习需把握的四个关系

- 不教而会与教而才会
- 心有所感与脑有所思
- 浅显易懂与深刻理解
- 深度体验与量感达成

❀ 不教而会与教而才会 ❀

——以“负数的认识”为例

现在的学生是处于学习型社会中的，学校不是学生们唯一的学习场所，但学校一定要成为学生最重要的学习场所。如何做到呢?

因为学校已经不是学生唯一的学习场所了，因此，学生在学校外学到或多或少的知识，已经是常态了，所以，学校必须包容、接纳学生在生活中、在与父母交往中、在校外培训机构中所获得的知识。这些知识，便是那些所谓不教而会的知识。

学校一定要成为学生最重要的学习场所，这是要求老师不要简单地重复学生们在校外学的知识，要让学生在校外学习知识的基础上，深入学习知识，体会不一样的学习。通常，学生在校外学的以显性知识为主，学校就配合以知识的隐性部分的学习为主，这样，学生们学习的知识才是完整的。

如何操作呢? 举个例子：负数的认识。

种子课

把握好知识学习的轻重缓急

一节课，什么时候快，什么时候慢，什么时候轻使劲，什么时候重着力，轻重缓急之间，便形成了一节课的节奏。

一节好课，一定是有令学生们舒适的节奏的。

在一些简单的知识上着力太多，学生会生厌。

在一些关键的问题上着力太少，知识会“夹生”。

简单而浅白的，教学时间通常会少些。

关键而深刻的，教学时间通常要多些。

这些道理是浅显易懂的，但如何做到是个问题。现以“负数的认识”为例，谈一谈教师如何在课堂教学中把握住不同知识间的轻重缓急，希望有助于老师们改善自己的课堂教学。

一、分析：“负数”都需要认识些什么?

我们讨论轻重缓急，首先要明确作为认识对象的“负数”在教学中有哪些知识点、技能点、体验点。这些要点分析清楚了，关于轻重缓急的讨论才会有的放矢。

对于负数，学生都需要认识些什么?

一个完整的知识，大致可以区分为显性知识与隐性知识。显性知识主要是基础知识与基本技能，隐性知识主要是数感，整理成表格见下页上表：

<table>
<tr><td rowspan="4">显性知识</td><td>知识点</td><td>名称、读法、写法</td><td rowspan="4">当下的考试</td></tr>
<tr><td rowspan="3">技能点</td><td>大小比较</td></tr>
<tr><td>明白负数表示的意义</td></tr>
<tr><td>能用负数来表示并进行大小比较</td></tr>
<tr><td>隐性知识</td><td>体验点</td><td>数感：数表示一种状态</td><td>长远的发展</td></tr>
</table>

表中的显性知识，大家都比较容易明白。那对隐性知识如何理解呢？

负数，作为一种数，离不开数感的培养。

什么是数感？

比如数 2，有时候这个 2 对应着两个东西；有时候对应着从头到尾的第二个位置；有时候是 1.5 到 2.4 之间的一个区间……。同一个 2，我们在读它的时候，脑子里却有不同的理解与之对应。这些不同的理解就是我们所说的“数感”。

在小学阶段，学生们的数感培养，离不开这些具体的种子课。为便于理解，现做一个简单的整理与回顾。(见下表)

种子课	数感内容
20 以内数的认识	数对应着物的多少与在数线图中的位置
百千数的认识	位值，满十进一
近似数的认识	数感：从一个点到一条线
用字母表示数	数感：从确定的数到不确定的数
负数	数感：从数的绝对性到数的相对性

如何理解从绝对性到相对性呢？举例如下（见下图）：

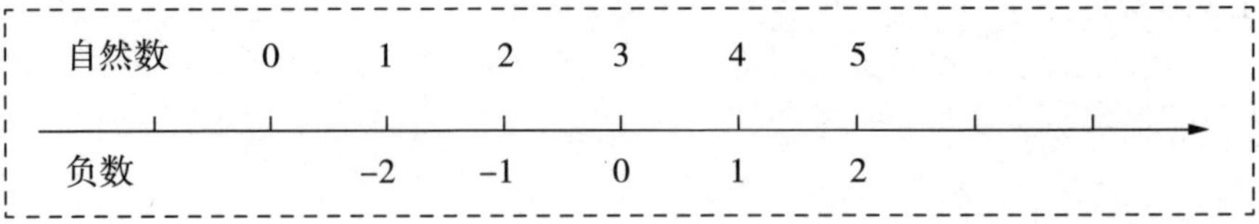

自然数是数数时用的数，手里有一个东西，我们就数之以1；再拿一个，数之以2；再拿一个，数之以3……。以此类推，一个数一定对应着确定的物，数具有绝对性。

在负数当中，我们把3个物体的状态规定为“0”，那么，那个有4个东西的“4”就成了“1”，那个原本有2个东西的“2”就成了“-1”，这个“1”与“-1”是相对于“0”而言的。因此，数具有相对性。

数学是好玩的，学生在这个时候真的能体会到数是好玩的。它已经脱离了物的实物存在，进入了物存在的一种状态。

二、实践：“轻重缓急”如何把握与实现

我们在讨论教学着力的差别时，有个常识：对学生会的自然用力轻、用时少，对学生不会的要用力重、用时多。

（一）显性知识的轻与快

现代社会，车库、电梯已成为城乡日常生活的组成部分。负数的读法、写法以及负数在具体情境中表示的意思，学生都已经明白，只是明白的程度有差别，有些可以用力轻、用时少。

因此，学生通过交流，可以快速地将这部分生活中学会的比较零碎的知识系统化、规范化，形成知识系统。

其主要流程如下：

（1）请同学们写一个自己熟悉的负数。

目的：获得本节课讨论的素材，规范负数的写法。

（2）这些数，为什么大家认为都是负数？

目的：认识负数的结构（带有“负号”）。

（3）这些负数都怎么读？

目的：规范负数的读法。

（4）同学们写的这些负数中，哪个负数最大，哪个负数最小？

目的：比较负数的大小。

(5) 这些负数都比0小，那么，比0大的数叫什么数呢？

目的：解决正数的写法、读法、大小比较。

(6) 以-2为例，在什么地方会用到-2呢？

目的：明白负数表示的意义，从而会用负数来表示。

以上这些环节，只是把学生会的知识梳理成一个规范完整的知识块。对学生而言，也许他本来就会写负数，上了这节课后只是把负数写得比较规范，仅此而已。

因此，这个教学过程可以用力轻、用时少。

(二) 隐性知识的重与缓

如何帮助学生形成对负数的“关于状态描述”的理解呢？

理解，要基于经历，在经历中慢慢地有所明白。经历需要有活动，活动需要有材料。我们选择了如下材料：

若________为0，则________为“+”，________为“-”。

例：冰水混合　　零上　　零下

地面　　地上　　地下

例举

这份材料，先让学生们慢慢地熟悉，然后由学生开展例举。

若<u>门</u>为0，则<u>门外</u>为“+”，<u>门内</u>为“-”。

若<u>老师</u>为0，则<u>校长</u>为“+”，<u>学生</u>为“-”。

若<u>人间</u>为0，则<u>天堂</u>为“+”，<u>地狱</u>为“-”。

若<u>今天收入</u>为0，则<u>增加</u>为“+”，<u>减少</u>为“-”。

……

若<u>5</u>为0，则<u>6</u>为“+”，<u>4</u>为“-”。

学生们在说这些例子的时候，普遍会觉得好玩、开心。特别是讲到灯亮为“+”，灯灭为“-”的时候，发现无法定义0。灯亮为“+”，灯灭为“-”，什么时候是0呢？

讨论

问题一：同学们，我们在列举的时候，最大的感受是什么？

结论：最大的感受是在谈正负之前要先规定0。因此，0不是正数，也不是负数。0是正、负数的分界线、标准。

教师形成如下页所示板书：

0	正数	负数

若________为0，则________为“+”，________为“-”。

××	××	××
××	××	××

问题二：同学们，0是谁规定的？

结论：我们规定了0。我们可以把任何一个数规定为“0”。

问题三：同学们，我们今天规定的0与以前认识的0有差别吗？如果有，大家能把这种差别表达出来吗？

结论：以前认识的0表示没有，一点东西也没有为0。今天认识的0不是表示没有，而是“有”的一种状态。

至此，学生关于负数的“数感”便形成了。

三、讨论：体验学习为什么要缓而慢

我们把一个完整的知识区分为显性的和隐性的两部分。显性部分知识可以选择用阅读、讲解等方式来完成教学。对隐性部分为什么要通过体验？因为无法通过阅读与讲解来完成。如果学生没有经历例举与讨论的环节，教师直接告知学生0不是正数也不是负数，可以吗？当然可以。教师直接告知学生0不再表示没有，而是表示“有”的状态，可以吗？当然也可以。但是，被告知与体验而得的效果一定是不同的。

在体验性学习中，材料的选择非常重要。我们这节课设计的材料是一道开放的填空题。这样一份材料，给学生们的例举提供了广阔的空间。这个广阔的空间，给学生们的思维提供了散步的环境。

特别是有孩子说到“若__出生人口__为0，则__出生__为‘+’，__死亡__为‘-’”时，学生们特别惊讶。

还有，__灯亮__为“+”，__灯灭__为“-”，居然找不到0时，学生们也特别惊讶。

书上也有用正、负数表示相反意义的两个量的叙述。灯亮与灯灭似乎是两个相反的事情，然而，学生却无法找到“0”，这给学生们认识正、负数之间的“0”的重要性带来了感觉。

好玩与惊讶交织在一起，就把学生的思考力充分地激活了。

在这个好玩与惊讶的过程中，体验就发生了。

学生们自然会认为0不是正，0也不是负，0就是0。这就是理解，而不是识记。

而且0也不是原来的0了。这也是理解，而不是识记。

这个体验的过程，我们虽然用了一个“缓”字，但其实对学生而言，也是跌宕起伏的，是充满紧张感的。我们用一个“缓”字，其实只是对占用时间的一种说法。我们在教学中要舍得在这样的事情上花时间，以显示我们对学生理解的重视。

深度学习

响鼓才需重槌敲

课都是有节奏的。课的节奏与内容主题、知识特点不无关系，更与教师对它的作用与价值的认识有关。有的课，平铺直叙、单调乏味，大抵因为教师只把它当成了一项知识的传输工作。有的课，高低起伏、错落有致，教师能在关键处着力，响鼓重槌敲，能在简单处滑过，轻松悠扬。这样的节奏，令学生体验紧张刺激，感受舒适愉快，体会知识之美、学习之善。深度学习所主张的整体把握知识的地位与价值，在教学中就表现为课的节奏感。

如俞正强老师所说，简单浅白处少用些时间，关键深刻处要多花些功夫。这个道理简单明白，但有两个麻烦的问题：（1）简单浅白或关键深刻的知识是如何判断的？（2）判断之后，怎样的做法才是下对了功夫而不是白做了功？这两个问题对于年轻老师来说是困扰他们的难题，也是阻碍他们进一步发展的“拦路虎”。

对这两个问题，俞老师在“负数的认识”一课上给了很好的示范。我们看看他是怎么做的。

一、做好教学内容的表里层次分析

先来看看俞老师是怎么分析这节课的知识点的。

俞老师认为，一个完整的知识“大致可以区分为显性知识与隐性知识。显性知识主要是基础知识与基本技能，隐性知识主要是数感”。这显、隐的两个部分又可分为更具体的知识（认知）点、技能点和体验点。分析过后，用表格整理而做清晰的呈现，确定了“负数的认识”这节课的基本任务，如学生要知道些什么，会做些什么，能形成怎样的数感，同时把教材中有关这个知识点的具体表述、要求与学生的学习活动及活动结果进行关联，清晰明了。经过这样的分析，这节课的内容表里层次就清晰了，方便老师们看出哪些是浅易表面的、哪些是关键而深刻的，同时提醒老师们对教学内容要做区别对待而不能等量齐观。也就是说，虽然进入教材的知识都值得教，但教的方法和力度却要有区别。究竟采用怎样的方式和力度，要根据其在知识结构中的地位及其对学生发展的意义判定。(见下图)

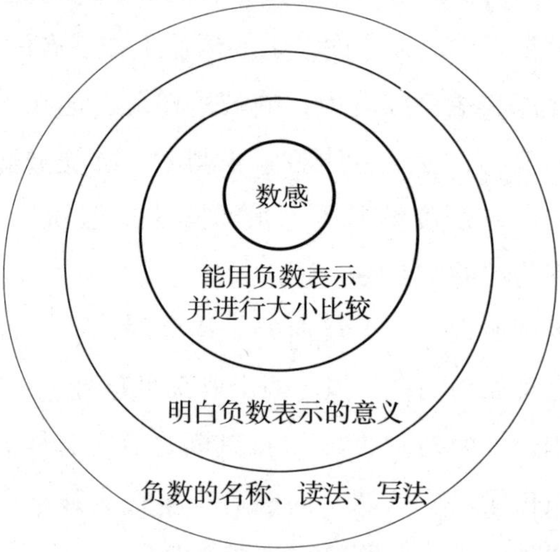

显然，“负数的认识”这节课之所以值得教，重点在其对学生数感培养的意义。这节课要让学生体验并认识“数的相对性”，实现“从数的绝对性到数的相对性”的认识的飞跃发展。明白了这个道理，就明白这节课是形成学生数感的关键种子课。

俞老师说：“在负数当中，我们把 3 个物体的状态规定为‘0’，那么，那个有 4 个东西的‘4’就成了‘1’，那个原本有 2 个东西的‘2’就成了‘-1’，这个‘1’与‘-1’是相对于‘0’而言的。因此，数具有相对性。”这种从绝对性到相对性的认识的形成，洞开一片新天地。原来数还可以是这样的，原来“0”并不是“没有”，而是一个状态，是一个增减正负的临界点。有了这样的认识，学生眼中的数字就不再是纯然客观的绝对数字，而是可由主观界定的、有内涵有意义的、生动的存在。对“0”的意义的新认识，能够让学生体会到数学的魅力，同时也撒下了辩证观念的种子。因此，这节课的重点必须定位在“数的相对性”这一数感的形成上。数感是需要下功夫、花时间解决的硬核问题，是需要重槌敲的响鼓。

二、核心处要紧着功夫

俞老师对“负数的认识”这节课的处理，大开大合，把最重要的精力用在最关键处。

课的引入环节，是快速掠过的滑音。俞老师只设计了六个小活动，引导学生快速整理在生活中学到的、用到的知识，使生活中零散的、无意识的经验，能够条理化、系统化、规范化并进入自觉的意识层面。这样的处理既从学生出发，承认和尊重学生的已有经验，又“快刀斩乱麻”，只做适当的认知铺垫，不在无关处纠缠、停留，而是拉开序幕后迅速进入主题，进入关键处，带领学生经历对数感的理解。

“数感”看不见摸不着，怎么让学生理解？俞老师认为必须让学生去“经历”，在经历中体验、体会、体认。经历当然是学生去经历，是学生的主动活动，但关于学生的“经历”必须要注意两个问题：一是主动，二是发展，二者缺一不可。既主动又发展，才是学生的真实“经历”而不只是“经过”。如何做到既主动又发展呢？如俞老师所说，理解必须有经历，经历必须有材料。学生不可能（也没必要）重复人类发现知识的全过程，只能（也只需）简约地经历典型的关键环节。因此，如何在课堂教学有限的时间内让学生有真实而深刻的经历，取决于学生所操作材料的恰切性和典型性。这样的材料至少要满足两点：（1）材料是学生能够以其现有的水平主动操作（指观察、思考、表达、想象、动手等多种方式）的；（2）教学意图明确，内在地包含着学生的活动内容、方式与目的，学生操作材料的过程就是理解知识、提升认识水平和能力的过程，就是学生的主动经历过程。

俞老师在“负数的认识”这节课所提供的材料（若________为0，则______为“+”，______为“-”）就是这样，它照顾了学生的现有水平，于是能够轻易地引起学生的活动愿望；它又包含着引导学生体会事物存在状态的活动方式与目的，于是能够为学生的活动提供活动支架。学生以现有的经验和水平就能轻松进入，进入之后又愿意挖掘开拓更多的经验，于是，便能在这个过程中生出自己不曾有的想法和认识，如开始意识到作为事物存在状态分界线的“0”与以前所知道的“0”是不同的，这就是材料具有恰当性和典型性的魅力。俞老师的这份材料，将抽象的数学意义做了经验化、生活化的转化，转化为学生经验中的典型事例，经由它的引导帮助学生打开思路，通过大量的列举，让学生体会到数的相对性，从而能够主动做初步的归纳和抽象。当学生说出“谈正、负之前要先规定0”，便说明学生在短时间内“经历”了深刻的体验和思考，理解了正、负状态与“0”的关系。

接下来，俞老师则通过提问使学生进一步明晰“0”的意义。由于有了前面的经历，对于“0是谁规定的”这个问题，学生发自真心地确定“我们规定了0。我们可以把任何一个数规定为‘0’”。当学生能用语言清晰地表达出来时，“0”的人为规定性和相对性就成为一种明确的观念了。这种对“0”的观念的认识是对以往认识的颠覆，标志着学生的“数感”发展到了一个新的阶段。

俞老师“乘胜追击”再追问：“我们今天规定的0与以前认识的0有差别吗？如果有，大家能把这种差别表达出来吗？”这是帮助学生进一步锚定、确认和明晰新观念，让学生明明白白地得出结论“以前认识的0表示没有，一点东西也没有为0。今天认识的0不是表示没有，而是‘有’的一种状态”。

至此，学生的数感便形成并得到夯实了。这个“数感”形成的过程，是耐心下功夫精耕细作的过程，是学生动心用脑的过程。王策三先生说：知识是个百宝箱，教学就是“打开”百宝箱的过程。打开的过程，便是学生“亲历”获得珍宝的过程。真正的珍宝不是躺在箱子里的静物，而就蕴藏在开箱的过程与方法中。我们能看见的显性知识，只是知识的箱子，只有打开它，内蕴其中的教育价值才能显现出来，才与学生相关，才能成为学生发展成长的养分。所以，这节课虽然名为“负数的认识”，关键则是对“0”的重新认识。认识了“0”，才能认识负数，负数的读法、负数的写法、负数的意义以及用负数比较大小才有了真切的含义。遗憾的是，许多教学都只是买椟还珠，拿到了箱子就以为得到了珍宝。

“重要的东西肉眼是看不到的，只有用心去看才能看得真切”（出自《小王子》），“官知止而神欲行”（出自《庖丁解牛》），俞老师把隐性知识作为教学的核心和关键，就是带领学生用心去感受、体验肉眼看不到的那些最宝贵的东西，深入知识的最根本处，把知识和学生的发展联系在一起，让学生与知识融为一体，而不是把知识作为外在于学生的东西告诉他——这正是深度学习所主张的。在这个意义上，种子课是深度学习最典型的样子。

三、内容与方法要匹配

并不是所有的内容都需要精耕细作，既不必要也不可能。方法也是一样，抽象地谈方法的转变或多样性，没有任何意义。究竟采用什么样的方法，要与教学内容及其对学生发展的价值相适宜。因此，教师必须清楚什么样的内容应该用什么样的方法，做到内容与方法的匹配。

要实现内容和方法的匹配，需要教师既了解学生，也了解学科。了解学生，就知道学生有什么经验、水平和需求，知道哪些经验可以转化，知道什么方法最适宜；了解数学，就能够在整体系统中确定教学内容对于学生发展的教育价值，知道用什么样的方法去实现这种价值。这样，便能够在学生和内容之间建立起实质关联。俞老师的这节课，内容与方法完美契合。他提供的材料好玩——接近学生的生活又赋予其与原本生活不一样的新鲜的意义，让学生于平凡处体会数学的不平凡，激活学生的思考力；他的课堂节奏——轻重缓急、高低起伏、详略得当，浅白表面处一语带过，硬核关键处让学生深度经历，这便是“响鼓才需重槌敲”的教学体现。如此教学，不仅是内容与方法的和谐，更是在帮助学生建立起与学科知识结构相匹配的认知结构，深度把握学科本质。

附：课堂教学实录

【教学年级：四年级；教材版本：北师大版】

环节一　落实基础知识、基本技能

1. 负数的写法

师：请你写一个熟悉的负数，让我看看写得好不好。请你写到黑板上。(指三位学生。)

三位学生分别写了-1，-2，-3。

师：这三个负数写得好不好？请发表评论。

生：好。

师：我还挑选了两个小朋友的作品（见下图），你们来看看哪个写得好，好在哪里。

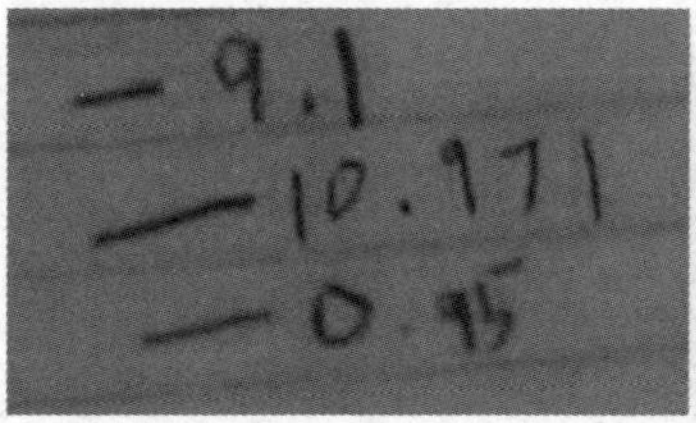

生1：我认为它（指第二位）比较好，因为字写得很工整。

师：另一位哪里不好？

生2：字写得很模糊。

生3：第一位写得好，他把小数也写进去了。

师：老师发表点想法。我觉得第一个小朋友的负号写得太丑了，你们觉得呢？这个负号一般占多大的位置？

生：一个数字的位置。

师：你们看第一位同学写的负号怎么样？

生：太长了。

师：再来看黑板上写的这三个，哪个写得比较好？(见下页图)

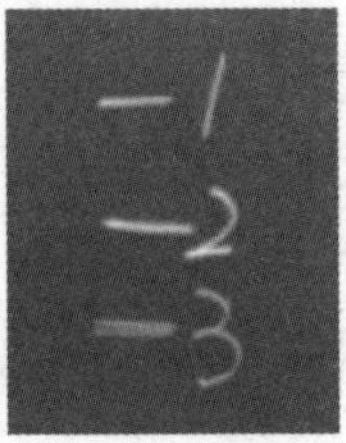

生：第一个好。

师：这三个负数，第一个负号虽然长度比较好，但它要写在数字的中间；第二个负号写得太长，和 2 离得太近；第三个可以再短一点点。所以我们负号要怎么写？

生：负号要写在数字的中间，长度大约是一个数字的长度。

师：现在再请大家认认真真地写一个负数。再来看一下这个小朋友的负数，写得好吗？（图略）

生：好。

2. 负数的读法

呈现材料：黑板上的−1、−2、−3。

师：我们不仅要会写，还要会读，这个读作——

生 1：负 1。

生 2：负 2。

生 3：负 3。

师：好，我们会读了。

3. 负数的大小比较

呈现材料：黑板上的−1、−2、−3。

师：这些负数哪一个比较大？你是怎么比的？谁来说一说。

（1）看数字

生 1：看负数后面的数，它越小，那个负数就越大。

师：他是看这个数字的，负号后面的这个数字越小，这个数就越

大。这三个数中 1 比较小，所以-1 比较——

生：大。

师：3 比较大，所以-3 比较——

生：小。

师：2 比 1 要大，所以-2 就比-1 要——

生：小。

师：2 比 3 要小，所以-2 就比-3 要——

生：大。

师：他是比较负号后面的数字的，还有别的比较方法吗？

（2）和 0 去比

生 1：可以像标温度一样标到温度计上，-1 在 0 的下面一点点，所以-1 比较大，越往下是越小的。

师：和谁去比？

生 2：和 0 比。

（3）形成结论

师：他说离 0 越近的就越——（生：大。）离 0 越远的就越——（生：小。）他把 0 作为一个比较的标准。海平面越低的就越——（生：小。）海平面越高的就越——（生：大。）还有别的方法吗？

生 1：我们知道整数中一位数肯定比两位数小，但负数里是相反的，一位数肯定比两位数要大。

师：这个说法和谁的说法类似？（和看数字的方法类似。）

师：负数肯定要比谁小？

生：0。

师：比 0 大的是——

生：正数。

师：正数要带什么号？

生：正号。

师：正号可以不写。

4. 负数的意义

师：接下来请你以-1 为例，举一个例子，什么地方会用到-1？

生 1：天气预报。

生 2：地下车库。

师：地下车库在-1 楼，在地下的一层。-1 度就是在 0 下的 1 度。除了车库和天气，还有什么地方用到-1？

生 3：做生意欠钱亏本的时候可以用-1。

生 4：考试写错，扣分计分。

生 5：平均身高矮一厘米可以记作-1。

师：同样的一个-1，在改试卷的时候表示什么意思？

生：扣 1 分。

师：在表示天气的时候是什么意思？

生：零下 1 摄氏度。

师：在车库时？

生：地下 1 层。

师：亏本时？

生：负 1 元。

师：同一个负 1 在不同的地方表示的意思——

生：不同。

师：但它们表示的是哪一个负数？

生：-1。

师：同一个负数在不同的地方表示的意思不同，那么与负数相对的是——

生：正数。

师：正数只有哪一个东西和负数最不一样？

生：正号。

师：而且正号可以——

生：省略。

师：正号可以省略，那负号呢？

生：不能省略。

师：为什么正号可以省略，负号不能省略？

生：应该是一种习惯。

师：假如是一直学负号的话，可以省略负号，如果两个都省略就会搞不清楚。同学们，除了这些以外，还有哪些知识老师没有讲过？或者老师说过但今天我们没有讲到的？

生1：正数和负数相差多少。

师：正1和-1相差多少？

生：2。

师：-2和-1相差多少？

生：1。

师：好的，还有吗？

生2：负数在刻度线上怎么表示。

师：回家看下温度计。

环节二　落实数学思考，落实数感培养

1. 设定参照物，确定标准0

师：接下来，我们做个练习。（出示材料：若____为0，则____为+，____为-。）老师举一个例子：若海平面为0，则海平面以上为+，海平面以下为-，你能不能想一个和老师不一样的？拿起本子写一下。

学生举了平均身高、平均分数、地面、起始点为0的例子。

师：除了身高，除了起点，还有没有什么不一样的？

生1：跳远1.8米为0，以中间为0，中上为正，中下为负。

师：我举个例子，以现在人口为0，则出生为正，死亡为负，可以吗？和我们这里一样吗？你受到什么启发？还有1位小朋友以5为0，

那5以上为正，5以下为负。（见下图）

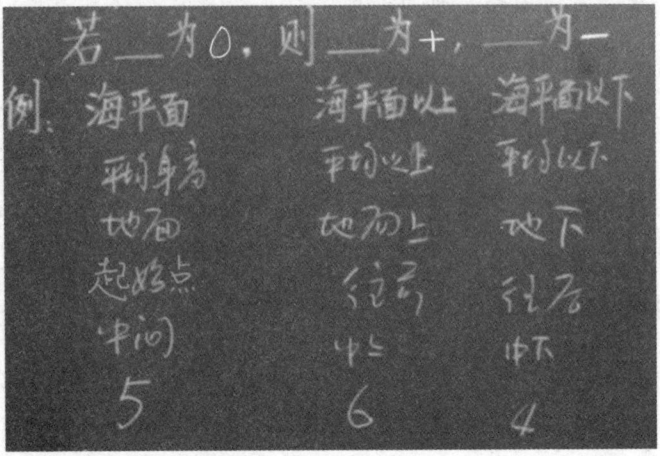

师：我们这样写写得完吗？在写这份材料的过程中，你有什么感觉或者结论和大家分享？

生2：这些正、负数都是从生活中得到的。

生3：这些正、负数都是以一个物体为参照物。

生4：参照物就是标准。

师：有没有补充的？

生5：讨论正、负数前要有个参照物，把这个参照物当作标准，定为0，所以0既不是正数，也不是负数。

师：所以我们把这些数分成三类：正数、负数、0。作为标准的0和我们之前学习的0有什么不一样？

生5：一个表示标准，一个表示没有。

生6：以前学的0是个自然数。

师：以前学的0是个自然数，今天学的0是一个标准，哪里不一样？

生7：以前的0是可以省略的，今天的不能省略。

师：以前学的0表示没有，今天学习的0表示有。如把5当作标准，当作0，6表示正，4表示负，今天学的0表示有。

师：再来一个问题好不好？这个0是谁来规定的呢？

生8：只要是一件事物，都可以把它规定为0。

师：是谁来规定这个0?

生9：参照物规定的0，用数字规定的0。

师：谁来把数字规定为0?

生10：人来规定的0。

师：把海平面规定为0是谁规定的？

生11：地球人。

师：0是谁规定的？

生12：人规定的。

师：人为什么要规定0啊？

生13：人们发现负数后认为要有一个标准，那就是0。

2. 自然数和正数

师：同学们，今天学到这里，再提一个问题让大家思考一下。请同学们在教室里找出一个2，你能找出来吗？

生1：2支笔。

师：有多少种找法？

生：无数种。

师：接下来请你找出+2，告诉我+2在哪里。

生2：以没有笔为标准，拿出2支笔就是+2。

师：有没有不同的说法？

生3：尺子上以0为标准，2就是正2。

师：你们觉得这个2和+2有没有差别？差别在哪里？

生4：2就是2，就是2支笔，而+2的话如果以1支笔为标准，就是3支笔了。

师：同意吗？2一定是几支笔？

生：2支。

师：正 2 一定是 2 支吗？

生：不一定，可能是 2 支，也可能是 3 支、4 支。

师：取决于什么？

生：把什么规定为 0。

师：2 就是 2 支笔，能不能变？这是绝对数。+2 呢？相对数。看以什么为 0。

师：同学们，如果这是一条数轴，我们可以把任何点规定为 0，如果把负 3 规定为 0，那么 0 就变成了——

生：正 3。

环节三　小结回顾，反思成长

师：今天学的这节课和原来的相比，你有什么新的收获？

生 1：可以把任何的数字标为 0。

师：谁规定的？

生 2：人。

生 3：我知道了 2 和正 2 有什么不同。

生 4：正数加了正号是完全不同的，加了正号后这个数是不确定的。

生 5：原来学的是数，现在学的是标准。

师：同学们说得最多的就是自然数和正数的区别。2 是自然数，尽管+2 可以把正号省略，但它和自然数的意思还是有差别的，不是省略了正号就变得完全一样了。

心有所感与脑有所思

——以“小数的复习”为例

感想，因感而想，心有所感，脑便有所想。

我们要让学生有所想，别忘了要让学生有所感。

新鲜、新奇的素材是引发学生有感的最好材料。

一般认为复习课的素材都是炒冷饭，没有新鲜的东西。所以，我们选择一节复习课来举个例子，看看像这样的课，是如何让学生们产生抑制不住的新奇感的，学生们是如何由感至想的。

种子课

深度复习：聚是一个数，散是一片“海”

复习课，老师们都会有点怵，因为在复习阶段，特别是六年级总复习阶段，所有知识学生们都已经懂了，但总还是会有人做错。

小数的意义、性质、大小比较等内容，知识点多，知识点之间又缺乏紧密的逻辑联系，复习课就更难上了，学生也很无趣，这样的复习课，如何变得有趣？如何在知识复习中达成深度学习？

一、深度复习，从发散思维开始

因为这一节课的知识点多而散，所以，我们选用了思维风暴的样式开启这一知识内容的复习。

环节一：思维风暴之一

材料：板书0.3。

问题：不能说这个数（0.3），但要让别人明白你在说这个数，你能想到几种不同的说法？

流程：

（1）学生自主思考。

（2）调查学生有几种不同的说法。

（3）请有最多说法的学生说出自己想的那些说法。

（4）请学生们说出与前面同学不一样的说法。

（5）这些说法中，哪一种说法最令你意外。

【分析】本环节要达成的意图有以下几点。

（1）明白什么是说法。比如下页图：

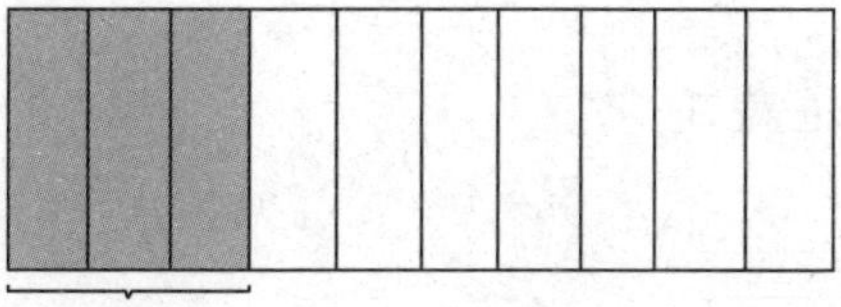

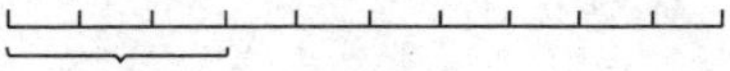

这两种说法都是用图来表示，同时要求学生们再讲说法的时候不重复。

（2）穷尽学生的所有说法后，问学生哪种说法令自己意外，是帮助学生诊断自己知识的清晰水平，想不到的往往是自己学习掌握比较浅薄的地方。

环节二：思维风暴之二

材料：思维风暴之一中形成的板书。

问题：现在黑板上已经有11种不同的说法了，同学们确定还有第12种不同的说法吗？

流程：

（1）请陆陆续续举手的学生到讲台上来。

（2）请上来的学生一个一个说。

（3）记录下学生们的不同说法。

（4）问学生们此时此刻心有何感。

（5）讨论“说法”的特征。

【分析】本环节要达成以下目标。

（1）知道一种说法连着一个知识点。

（2）从脑的回忆状态导向心的感悟状态，通过不断地询问学生们心有所感，让学生去关注心的感受：为什么会有这么多说法？为什么这么容易的说法，我居然想不到？从而引起惊诧与反思。须知，惊诧是令记忆最深刻的心理感受之一。

环节三：深度思考之一

材料：将黑板上板书中的每一种说法，在关键处嵌入一个小括号。

问题：刚才老师干了一件什么事？

回答一：加了一个括号。

回答二：把一种说法变成了一道题目。

流程：

（1）这些题目有什么用？

（2）黑板上一共有多少道题目？

（3）看到这么多题目，你的心有何感？

【分析】这一环节要实现如下感悟：

（1）了解老师是如何编写题目的，这样的感悟，会消去题目这一学习对象的神秘感，从而增强学生的安全感。

（2）黑板上只有 18 个小括号，但学生们却看见了无数道题目，这就形成了一类题目与一道题目的体验，从而帮助学生形成对题目归类的把握能力。

环节四：深度思考之二

材料：0.3、18 种说法和无数道题目。

问题：刚才我们从 0.3 发散出了 18 种不同的说法，又看见了无数道题目，这个过程呈现在我们面前，你心有何感？

流程：

（1）小组或同桌分享心有何感。

（2）班级交流心有何感。

（3）讨论老师为什么要设计并组织大家开展这样一个学习活动，意图何在。

【分析】这一环节要达成以下目标。

（1）从一个数 0.3→ 18 种说法→ 一片题海，感悟题目是永远做不完的。

（2）从一片题海→ 18 种说法→一个数 0.3，感悟再多的题目，都要透过题目看知识点，从而达成对题目的深度感悟。

（3）体会老师设计这节复习课是用心的，让学生们今后面对没有做到过的题目也能淡定。这样，就不用怀着不安的心去刷大量题目了。

二、深度复习：如何走深？

这节复习课的知识点碎而多，这个难点通过我们的设计，反而成了这节课有意思的原因。因此，没有什么难上、好上的课，只要我们用心，每一节课都会挺有意思的。深度复习，是如何走深的呢？

（1）表面上看，我们是在复习。复习的驱动是“换个说法”，不说0.3，让别人明白我们在说0.3。通过换个说法，唤起学生对知识的回忆，这个回忆便是复习。

（2）用思维风暴的样式来组织课堂进程。这节课中，学生们一共经历了三次思维风暴，在每次思维风暴的间隙处都安排了一些问题讨论，比如对说法的感悟，其实一个说法对应着一个知识点。

（3）在思维风暴的碰撞中，去触摸学生们的心的感受：在这节课的复习进程中，对学生们心的感受可以归为以下几个阶段。

第一阶段：懊恼——我怎么没有想到？

通过对比发现，没有想到的说法往往是极普通的说法。

第二阶段：佩服——同学们是怎么想到的？

在发散思维的过程中，由自己怎么没想到的懊恼慢慢改变为对同学的佩服：他是怎么想到的？

第三阶段：明白——原来老师是这样编题目的。

把一个说法改编成一道题目，经历了一个题目编写的过程，把题目的来龙去脉理清了，就有一种明白感。

第四阶段：迷惑——一个数咋变成一片题海？

一个数就变成了一片题海，我们有多少个数啊！那该有多少片题海啊！真有种无边的感觉。

第五阶段：淡定——一片海只是一个数字而已。

换个路径看，原来一片题海只是一个数字而已，这种感觉，刹那间给人以轻松感，从而淡定丛生。

把以上三个层面的收获整理成下页表：

类别	问题驱动	素养
浅层　知识复习	换个说法	记忆
中层　思维发展	谁还能说出不同的说法	思维
深层　心理塑造	心有何感	感受
深层　哲学感悟	老师为什么要上这节课	感悟

从这节课开始到结束，学生基本上没有做书面的题目。但是，从一开始到结束，学生的注意力普遍十分集中，为什么？因为我们将复习导向了学生的心灵感受。

在我们的学习中，我们经常忘了学生们的心理感受。久而久之，学生们的心理感受便缺位于课堂学习了。所以，在课的开始，当我问学生们“心有何感”时，学生经常说不到点上，因为他们太习惯于用知识来回答问题，从而已经忘了自己还有一颗心。

但是，心又无时无刻不在影响着学生们的学习，一颗被遗忘的心也会呈现力量，这种力量会表现为对知识学习的冷漠无感。

所以，最后我问学生，今天上了一节什么课的时候，他们有这样几种回答：

(1) 这是一节复习课。

(2) 这是一节心理辅导课。

(3) 这是一节哲学课。

这些回答，便充分证明了学生们的深度理解。这便是这节课的意义了。

深度学习

动脑，动心，动情

关于学习，人们常说“动口动手动脑”，却很少说动心动情动念。让学生动脑，是不必说的常识；课堂上的讨论交流、记笔记做练习，也可看作动口动手的表现，不难做到。但若让学生动心动情，就难了，不仅学生难，老师也难。就如布鲁姆的教育目标分类学一样，认知领域的目标分类用得上，情感领域的目标分类似乎已被遗忘，更别提用它来规划设计教学了。但是，人的学习，若没有动心动情，又与机器何异？因此，好的教学，终究是要学生动心动情的。

语文课的动心动情都难，更勿论数学课，尤其是数学复习课，而且是六年级总复习。但俞正强老师为六年级同学上的小数的复习课，却真的让学生动脑动心动情了。旁听的老师们，也都有落泪的感动。

一、复习课也能有思维的深度参与

复习课不好上，是大多数老师的经验。复习课没有新内容，因而学习的好奇和激情难以激发，课堂通常沉闷无趣。复习课的难还在于其锚点也难以确定，若“抓住一点”深度复习，全面复习的目的就达不到，若全面复习又难免成为新授课的压缩或重复，目的不明，味同嚼蜡，同样起不到复习的作用。在学生那里，复习课就是无趣的刷题课，无须动脑筋深度思考。

如何让复习课和新授课一样，让学生主动参与主动思考，拥有新收获，获得新发展，进一步感受知识的魅力，是教学实践与教学研究应该特别重视的课题。

俞正强老师执教的“小数的复习”一课，是小学六年级的一节小数总复习。这节课的知识点既多又散，缺乏紧密关联的内容结构，原是很难上的一节总复习。但是，俞老师上的这节课却有春风化雨之感，学生学到的何止小数的知识，更有对数学学科的认识、对人生的感悟。

俞老师的这节课围绕一个常见的一位小数0.3，逐层展开。这个0.3，类似于侦查探案中的一条明线、一个最终的结果，引导学生围绕着它用尽一切智慧去展开一系列的追踪、探查、辩论、质证。

俞老师总共设计了四个环节：两个思维风暴、两个深度思考。每一环节均以学生的主动回忆、深度思考和内心感受为主，有明确的目的却又让学生感到自然亲切。这几个环节的设计，要解决的是复习课上学生难以全身心沉浸、难有新收获的问题。

俞老师所用的思维风暴法，有着类似于游戏的任务驱动作用，目的在于调动学生积极参与，主动复现已学过的知识。

游戏有规则才能玩得起来。在思维风暴开始之前，俞老师制定了一条游戏规则："不能说这个数（0.3），但要让别人明白你在说这个数，你能想到几种不同的说法？"这条规则类似于"猜词"游戏的规则，起到了驱动活动的作用，其内在的教学意义，则在于以亲和的游戏方式，"逼"着学生把0.3这个小数用不同的方式表示出来，以0.3为轴，将小数的相关知识联结到一起，从而也在学生内心建立起意义关联。这一游戏规则，配合着俞老师提出的几个问题，使复习成为每个学生都能参与的、都愿意投入的、持续进阶不断升级的"游戏"任务。

在第一波头脑风暴中，俞老师让学生自己安静思考，想想"可以有几种不同的说法"。给学生发动头脑、整理知识的时间和空间，让每一个学生都有参与学习的信心与基础，即使学得不好，六年级的学生也至少能想出一种不同说法，例如"十分之三"或"介于0.2与0.4之间的一位小数"，等等。让想到最多种说法的学生来展示——节约了时间，用较少的时间把尽可能多的说法提出来；之后，再由全班同学来补充，充分利用了班级授课制的共有时空优势，发挥班级的集体智慧，启发多样思维，实现多向交流，提出更多“说法”，共计 11 种。穷尽了全班学生的说法后，思维风暴第一波便告结束。俞老师用“哪一种说法最令你意外”这个问题，把学生从头脑风暴的复现回忆转向对自己知识的清晰水平的诊断和深度思考，“想不到的往往是自己学习掌握比较浅薄的地方”。这样的诊断本身又起着“治疗”的作用，当学生说出他的“意外”时，便会生出思维的触角，主动去理解、消化，弥补之前的不足。同时，这个诊断也起着“治疗”学生刻板思维和思想盲区的作用。例如，学生会自我分析，“我们只想到数字、运算，想不到用生活中的语言来表述，有时候也想不到用画图法”，等等。

“最令你意外”的讨论既是思维风暴的第一波的小结，也是第二波的起始。俞老师问：“现在黑板上已经有 11 种不同的说法了，同学们确定还有第 12 种不同的说法吗？”经过第一波头脑风暴的诊断、反思与自我诊疗，学生们的思路打开了，心情放松了，也更投入了。果然，又有学生有了新的说法，最终形成了 18 种说法。

第二波头脑风暴结束时，俞老师问：面对这么多不同的说法，你“心有何感”？让学生静静地感受、内省：“为什么会有这么多说法？”“为什么这么容易的说法，我居然想不到？”一个平常到不能再平常的小数 0.3，竟然可以有这么多、如此丰富的表达方式，令学生们感到神奇、惊诧，也产生了巨大的心理反差，知道最平常的东西背后也隐含着不平常的道理。而一个个道理就是一个个的“知识点”。如果第一波思维风暴在于用朴素的“说法”来唤醒学生对知识的回忆，让学生自我诊断、发现知识学习的薄弱处的话，那么第二波思维风暴则是第一波风暴的升级版，俞老师的设计就是要让学生用心感受：每一种“说法”都是一个“知识点”，从而把模糊而自发的“说法”，提升到清晰而自觉的“知识点”。

从一个小数 0.3 到 18 种对 0.3 的不同表述，这个过程，是教师带领学生将抽象的数字具体化、丰富化的过程，是由一个显见的结果“点”导向多个知识点的思维发散过程和知识点的聚拢过程。当学生能够把一个抽象的知识点用不同的说法进行表达时，就可以证明他理解了，把外在的知识变成自己的知识了，能够运用自如了。

这样的复习，不是老师对知识点的罗列，而是学生运用自己的头脑深度参与并且由学生自己用心感受到的。

二、复习课也能让学生动心动情

如前所述，这节课的前两个环节，主要在于引导学生回忆、思考、感受，“小数的知识”既是教师组织活动的着力点，又是学生活动的主要对象，换言之，教学就是围绕着知识展开的。如果这节课到此为止，也可算是一节好的复习课，它帮助学生把有关小数的知识点联系起来，启发了学生灵活的思考方式，引导学生关注日常生活中平常事件中的小数知识，等等。但是，这节课更有意义、更为重要和深刻的部分，是后两个环节。虽然用时短，却很关键。

后面这两个环节的启动，是从俞老师的一个简单动作开始的。

俞老师在黑板上每一个不同的说法的关键处都嵌入一个括号，并反复问学生们：我刚才干了一件什么事？

有的学生看到了老师的动作——加了一个等号、括号，有的学生却能发现表面动作的深义——“把一种说法变成了一道题目”。

于是，有多少种说法就有了多少道题目。

18 种说法，便有了 18 道题目；每一道题目，又代表着一类题目，18 道题目便是 18 类题目；每一类题目又可衍生出无数题目——这无数题目就组成了一片“题海”。这片题海是从一个数字 0.3 变出来的。这是一个由少到多、由抽象到具体、由干瘪到丰满的过程，是一个知识意义被打开的过程。当俞老师把这个过程集中在黑板上让学生梳理它们的关系时，学生能够体会到由一到多、举一反三的意义，体会到这无数题目的来源、题目的意义、想要考查的知识点，豁然明白“题目”从哪里来、如何来，甚至学生自己就是出题人。题目的神秘性消解了，学生对题目的恐惧便弱化了。这样的复习让学生卸下害怕的心理包袱，捡回了学习的自信。

如果教学到此为止，学生又会有怎样的感受呢？有学生感叹“题目太多了，真是做也做不完”。“做不完的题目”，正是学生们日常学习中最无奈的感受，是六年级总复习时常见的情形，是多年来怎么减负也减不下来的老大难。

所以，教学不能停在这里，还必须完成另一半的任务，实现由多到一、由繁到简、由具体到抽象的另一次升华。在俞老师的引导下，学生体会到了与“由一到多”发散完全相反的另一种视角、另一个思路，即：这无数的题目，都可归为几类，这几类题目最终可归为 0.3 这个数字。如此看来，题目并不多，也不可怕，只要弄通了其中的关联和道理，就可以在一与多之间往复穿梭、游刃有余。

俞老师带领学生经历这样一个由一到多再由多到一的往返过程，就将学生从小数知识的复习引向对新内容的新思考。学生的思考对象超越了小数的知识点，指向数学知识形成与建构的一般路径，并初步感受个人观察视角与思考深度对知识理解的意义。

于是，学生动脑的同时也开始动心用情，他们突然感觉到眼前一亮，整个世界都明亮了——原来数学不是无数杂乱无章的题目的堆积，数学如此有趣令人心仪。于是，学生的懊恼、迷惑，惊诧、欣喜，都会随着他们对数学的豁然明白而成为他们最生动的表情和最真实的情感。在这个意义上，他们是在全身心地生活，这样的生活主动、自觉、理性，同时又极为感性，是动心动情的生活。

三、复习课能够让学生重新爱上数学

俞老师的这节有关小数的知识的复习课，为此类复习课的教学提供了一个优秀范例，对小学教学有诸多启示。

这节课，有最基础层面的知识复习以及基于知识回忆的深度思考。它牢牢抓住复习课系统、整合的特点，帮助学生们对知识做系统化、结构化的梳理，从而深化理解，扩展思路。更有意义的是，这节课上还能够跳出知识点、跳出数学课，让学生们思考这节课的意义，获得超越数学课的哲学感悟。

这是一节让学生动脑动心动情的好课，当然离不开俞老师的用心周到设计。俞老师在这节课上用的几个引导语，如“换个说法”“谁还能说出不同的说法”“心有何感”“老师为什么要上这节课”，听起来极为平常，却是用心来帮助和引导学生的“灯塔”。有了这样语句的引导，学生便由浅入深、由近及远，慢慢地用心动情地去深入思考、深度感受。

例如，在课上，俞老师和学生有以下的经典对话：

“这些说法难不难?”——“不难。”

“同学们熟悉吗?”——“熟悉。”

“为什么我们想不到?”——“因为我们总要想那些冷门的、不平常的，平常的、熟悉的反而想不到。”

类似这样的对话，在俞老师的课堂上经常出现。这样的对话，于平淡中增强学生的自信，也于轻松之中促使学生反思。例如：“因为我们总要想那些冷门的、不平常的，平常的、熟悉的反而想不到。”所以，平常的、熟悉的知识反而成了冷门。这样的问题，与复习有关，却又是超越复习的人生思考。

正是在这节复习课上，俞老师把学生的“脑”和“心”都唤醒了。学生的头脑灵活了，心变得柔软了。这节课结束之时，有学生说，这是一节复习课；还有学生说，这是一节哲学课。因为这节课不仅把知识作为对象来复习、思考，还通过复习引导学生思考自己的思维方式从而进一步认识“一节课”，因此，它确实是一节人生思考课、一节哲学课。

还有学生说，这是一节心理辅导课。这节课，在同学们六年级即将小学毕业时上，特别有意义。它起着心灵抚慰和人生方向引导的作用。这节课始终是学生自己在主动回忆、主动思索，于是让学生感受到自己了不起，数学有意思；这样它便有了“起死回生”之效，让那些对数学死了心的学生能够重新活过来，重拾数学学习的信心，让他们满怀期待地进入初中生活。

旁听这节课的我，是很感动的。我觉得，每一节动心动情的好课，都是一次好的生命教益。这节课是俞老师给那些无缘上这样好的数学课的孩子们的最好礼物，也是给数学教学的最好礼物。

附：课堂教学实录

【教学年级：六年级；教材版本：北师大版】

环节一　“吃饭”问题——复习方法的准备

教师在黑板上书写“吃饭”两个字，见下图。

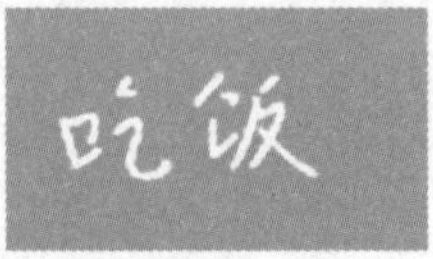

师：小朋友们，黑板上写了两个字，认识吧？

生：(齐答）认识。

师：不准说出来，让别人明白你在说这两个字，行不行？

生1：一手做端碗姿势，一手做吃饭姿势。(教师板书：动作。)

生2：摄入碳水化合物。(教师板书：摄入碳水。)

师：这件事情是吃饭吗？

生：(齐答）是。

师：这位小朋友是用什么来说的？

生：科学知识。

师：一个是动作，一个是科学知识，现在还没有重复的，谁再来试试？

生3：eat。(教师板书：eat。)

师：他是用什么来说的？

生：(齐答）英语。

师：他有没有说吃饭？

生：(齐答）没有。

师：请你来。

生4：它是每天都要做的事情，一般一天三顿，如果你不做的话就会很饿。

师：同意吗？

生：(齐答) 同意。

师：一般一天三次，不干会很饿。他这是一种什么样的表述方法？

师：在描述这件事情的作用，对不对？

学生点头回应。

师：这件事情如果不做会怎么样？

生：(齐答) 很饿。

师：并且在前面增加了一个状态，要做几次呀？

生：(齐答) 三次。

师：以此来告诉我们，在做一个解释。还有第五种方法吗？

生5：用餐的近义词。

师：可以直接说用餐。(板书：用餐)

师：同学们，我们有几种不同的说法？

生：(齐答) 五种。

师：还有没有不同的说法？有好多同学举手了，请你说。

生6：到餐厅去干什么？

师：这个同意吗？到餐厅去干什么？

生7：吃饭。

师：到餐厅去喝水行不？

生：(齐答) 可以。

师：到餐厅去拿凳子可以吗？

生：(齐答) 可以。

师：所以答案就不唯一了，你这个说法就不对了，注意我们在说这个事情的时候是要很精准地去描述。

生8：肚子咕咕叫时会干什么？

师：你同意吗？

生：(齐答) 不准确。

生9：点外卖。

师：唯一吗？

生：(齐答) 不唯一。

师：所以我们要精准，不要讲那些不唯一的。

师：同学们，大家发现没有，我们可以用动作来做，可以用一个相近的词，也可以用一个英文单词，都比较精准。其实还有很多方法我们都没有提到，比如说画一幅画。

师：(小结) 我们刚刚做了这样一个游戏，实际上就是换个方式来表示，但不能重复。

环节二　百变的0.3——小数知识整理

师：接下来我们来上数学课，现在老师在黑板上写一个数。认识吗？(板书：0.3。)

生：(齐答) 认识。

师：请你不准说这个数，但让别人明白你在说这个数。你能想到几种不同的说法？

生1：无数种。

师：你吹牛。

学生大笑。

师：你说实话。

生1：$\frac{3}{10}$、$\frac{30}{100}$、$\frac{300}{1000}$……(学生边答，教师边板书。)

师：可以这样无数次地加吗？我刚刚讲了一个规则，是什么？

生：(齐答) 不重复。

师：他都在说什么事情呀？

生：(齐答) 重复。

师：$\frac{3}{10}$、$\frac{30}{100}$、$\frac{300}{1000}$……都是用什么来表示0.3？

生：(齐答) 分数。

师：这只算几种呀？

生：(齐答) 一种。

师；只能说在这个方向上，用$\frac{3}{10}$来表示，后面还可以是$\frac{30}{100}$、$\frac{300}{1000}$……。但那样重复还有没有意思呀？(边讲边修改板书。)

生：(齐答) 没有。

师：这只是一种，后面还能跟很多但不讲，不要重复。你现在还有无数种吗？

生 1：没有了。

师：你能讲出几种不同的方法？这个同学说两种，谁能比他多？

生 2：我有三种。

师：有比三种多的吗？

生 3：五种。

师：有比五种多的吗？

学生的手基本放下。

师：五种最厉害，请你上来。(请说五种的学生上台。)

师：这个小朋友有五种方法，我们看看她能讲出哪五种方法。

生 3：方法 1，加法——0. 15+0. 15＝0. 3。

方法 2，减法——1−0. 7＝0. 3。

方法 3，乘法——10×0. 03＝0. 3。

方法 4，除法——3÷10＝0. 3。

方法 5，比——3∶10。

教师板书见下图。

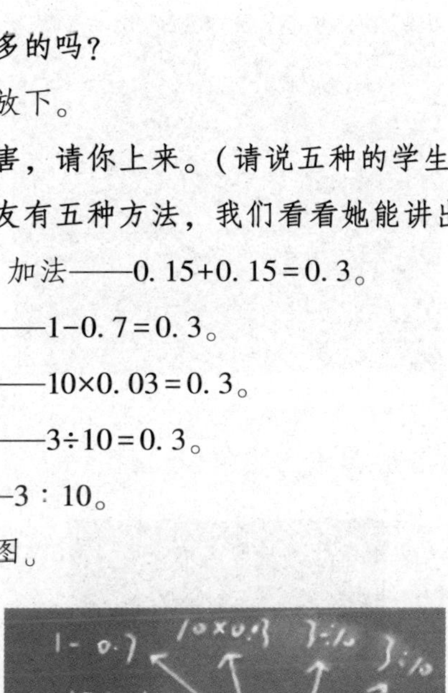

师：同学们，我们现在已经出现了六种方法，你有和她不一样的可以补充一下。

生 4：30%。

师：还有吗？最后还剩下三只手，请你们三个上来。

师：我们来看看他们三个人有什么不同的方法。这个同学也有方法，请你也上来。

生 5：三成。

生 6：它的 2 倍是 0.6。

师：这本质上是什么？本质上是 0.03 的几倍呀？

生：(齐答) 0.03 的 10 倍。

师：重复了，它本质上就是在说这件事情。

生 7：| -0.3| 。(教师板书见下图。)

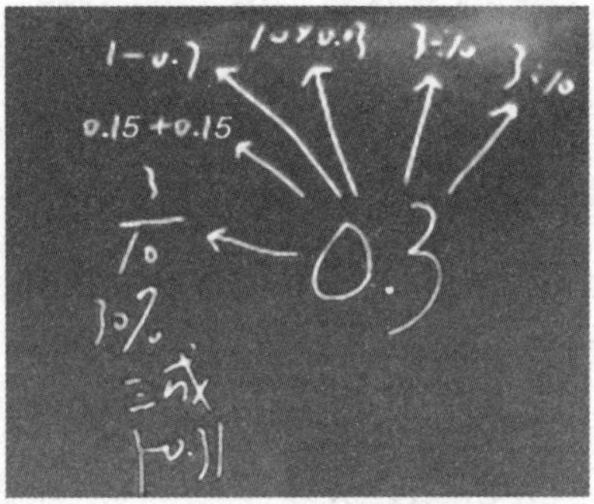

生 8：我要画图。

师：好的，请你画在黑板上。(学生画图。)

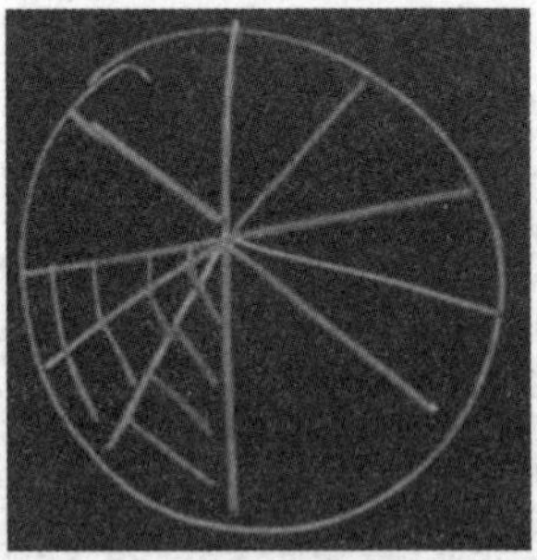

师：现在我们都已经说完了，又有同学有想法了。还有谁要说？请走上来。

师：这是第三波要来分享的，他们又想到了方法，请你先说。

生9：三折。

生10：$\frac{10}{3}$的倒数。

生11：画一条数轴。（见下图）

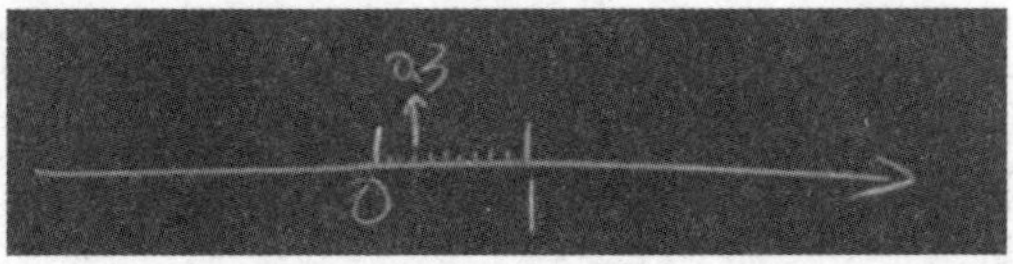

师：画一个圆、一个三角形、一条数轴，都是同一种方法。（同时板书。）

师：我们说完了，现在来看看我们一共有多少种不同的方法。

生：11种。

师：同学们，这11种方法中最让你想不到的是哪一种？

生12：三成。

生13：|-0.3|。

师：这个是不是没学过？

生13：没有。

师：没学过，在外面学的不公平，不算。我把它取消掉好不好？

生：好。（教师将|-0.3|擦除，最终板书见下图。）

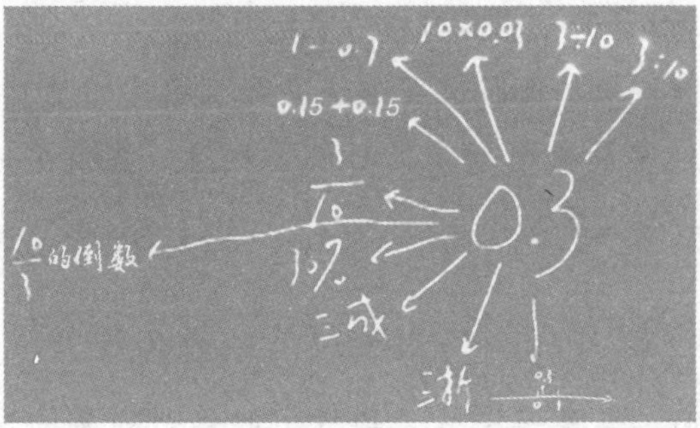

环节三　知识整理的诊断分析

师：同学们，这些想法中，大家普遍认为哪几种没有想到呀？

生：（齐答）三折、三成。

师：为什么这些最让人想不到呢？

生1：其他想法都是正常的加减乘除，这些是不正常的。

师：其他都是正常的，这些是不正常的。

学生大笑。

生2：我觉得对这个0.3都会偏向数字去想，不会想到汉字。

师：你就会写数字不会写汉字，对不对？

学生大笑。

师：这是汉字的，前面都是数字的，所以就不会去想汉字的，因此对这两种说法能想到的最少。

师：还有吗？

生3：$\frac{10}{3}$的倒数。

师：同学们，现在看来在这些说法中，这三种说法最让我们没有想到。

师：同学们，我们复习到这个时候，你们有什么感想要和大家分享的吗？

生4：意想不到。

生5：很吃惊。

生6：原来0.3有这么多表达方式。

师：同学们，刚才我们很多小朋友都有惊诧的感觉，发现其实我们有一些盲区经常没有想到，我们很喜欢想一些数字，想一些运算，我们很不喜欢去想文字。

环节四　知识整理之风暴再生长

师：同学们，思考一下除了黑板上我们所列举的这些方法之外，

还有别的不同说法吗？

师：你看又有小朋友举手了，请你们上来。前面不是已经没有说法了吗？怎么又有几位小朋友有想法了？你信吗？

生1：不信。

师：现在我们第二轮又开始了。我们来看看有什么新的说法。

生2：三角钱。

师：你们服气吗？

生：（齐答）服气。

师：既然服气，那我就把它写下来了。

生3：十分位上是3，其他位上是0。

师：十分位上是3，其他位上是0的一位小数。

生4：把3米长的绳子平均分成10份。

师：换个说法也就是把1米平均分成10份，取其中的3份。

生5：3个0.1。

师：3个0.1算不算？这个说法在说它的什么东西？

生：（齐答）它的组成。

师：3个0.1在说数的组成，它由几个0.1组成呀？

生：（齐答）由3个0.1组成。

师：有几个这样的计数单位？

生：（齐答）3个。

师：3个计数单位，是在讲它的计数单位。

师：同学们，现在又多了几种说法？

生：（齐答）4种。

师：这些说法难不难？

生：（齐答）不难。

师：这四种说法熟悉吗？

生：（齐答）熟悉。

师：那为什么大家没有想到？

生 6：没有转过弯。

生 7：这些知识有点冷门。

生 8：有些知识是会的，但就像被放在仓库里，都不知道有了，要别人点一下才知道自己有的。思维被局限到一个点上。

师：同学们，我们第二波又增加了 4 种说法，你觉得还有不同的说法吗？举手的小朋友上来。

生 9：30 个分。

师：跟谁重复了？

生：3 角。

师：你确定有不同的说法吗？

生 10：把 0.301 保留到十分位。

师：同意吗？

生：(齐答) 同意。

师：佩服吗？

生：(齐答) 佩服。

师：他们都用佩服的眼光看着你，享受一下吧。

师：又有小朋友有说法了，你们上来。

生 11：18 分钟是一小时的几分之几？

师：这个我们归到 3 角好不好？

生 12：把 3000 万改写成亿作单位。

生 13：一个鸭蛋加一个点加一个耳朵组成什么？

生 14：-0.3 的绝对值。

师：前面有了。又有了一种不同的说法，改写这个知识点记得吗？越冷门的，越想不到的，说明在你那个仓库里越容易被你忘记。

师：还有不同说法吗？还有四只手，你们上来。

生 15：$1:0.03=10:x$。

师：我们就归到计算里了。

生 16：0.3，3 循环，去掉循环点。

师：这个循环点不能乱去的。

生 17：0.09 的算术平方根。

师：没学，不算。现在显示一下本老师的功夫，我来讲一个好不好？

生：(齐答) 好。

师：把 3 的小数点向左移一位。难吗？

生：(齐答) 不难。

师：为什么大家都想不到呢？

生：(齐答) 太冷门了。

师：复习到现在，你有什么感想想和大家分享？

生 18：我发现有很多是数学老师教过我们的，但是没有想到。

环节五　知识点变题目

师：下面我要做一件事情，请大家看过来。(把学生关于 0.3 的各种说法变成题目。) 同学们，刚才我做了一件什么事情？

生 1：写了很多括号。

生 2：还写了等于号。

生 3：把这些东西都变成了题目。

师：你觉得这三种回答中哪种回答比较好？

生 4：第二个。

师：是的，老师把这种不同的说法都变成了题目。这些题目可以拿来干吗用？

生 5：考试。

生 6：在生活中用到。

生 7：用来复习。

师：我们可以把这些题目拿来复习，可以拿来考你，对老师考你的题目是怎么来的有感觉了吗？(学生回答略。)

师：我们黑板上现在一共有多少种不同的说法？

生 8：18 种。

师：你觉得我们说完了吗？

生：（齐答）没有。

师：你一眼看去，在黑板上看到了多少道题目？

生 9：18 道。

生 10：18 道。

师：有没有不同的小朋友？

生 11：19 道。

生 12：19 道以上。

生 13：1 道。

师：同学们，黑板上到底有多少道题目呢？黑板上每一个说法后面都跟着好多好多的题目，比如 1－0.7＝（ ），后面跟着 2－1.7＝（ ），那你看过来，能看到多少道题目呢？

生：（齐答）无数道。

师：这无数道题目就组成了我们经常说的题海。我们现在来把这个思路理一下，我们是从哪里出发的？

生：（齐答）0.3。

师：这只是一个数。

师：我们玩了一个游戏，不准说 0.3，但让别人明白你在说 0.3，这样有了几种不同的说法？

生：（齐答）18 种。

师：每一种说法后面都可以变出多少道题目？

生：（齐答）无数道。

师：无数道题目就组成了我们通常所说的“题海”。我们把这个过程做了这样的梳理之后，你有什么感想要和大家分享吗？举手的孩子请上来。

生 14：仅仅一个数字就能组成无数道题目，也就是题海，更多的数字就能组成更多的题目，所以是学无止境的。

生 15：做题时可以换位思考。

师：怎么换位思考？

生 15：不要局限在一个思维点上，可以去突破。

生 16：虽然说学海无涯，但是学过的知识不要忘记。

生 17：我们之前学过的所有知识都可以联系在一起。

生 18：学习不仅要复习，还要学习更多新的知识。

生 19：听课的时候要更全神贯注，还要更努力地思考。

师：还有不一样的分享吗？

生 20：做一道题的时候，把答案做出来，然后想想有没有不同的说法可以表达这道题，这样做一道题就相当于做好几道题。

师：我们来看一下，这是几个数？

生：(齐答) 1。

师：多少种说法？

生：(齐答) 18。

师：多少道题目？

生：无数。

师：我们从这边往这边走 (从左往右)，你有什么感觉？

学生做出惊讶的表情。

师：是不是感觉这个世界是无边无际的？好像宇宙是一片茫茫的题海，有做不完的题目。我们从右往左看，这里有一片题海，有无数道题目，其实就是 18 种说法，其实就是 1 个数。这样看过来的话你又有什么感觉？再多的题海也只是几种不同的说法，再多的说法也只是一个简简单单的数。所以我们从这边过去会有一种什么感受？

学生做出惊讶的表情。

师：想窒息的感觉是不是？无数的题目其实就是一个数字，你有什么感觉？

生 21：我感觉这些题目好神奇，一个数字能变出这么多题目。

生22：有些题目是没有标准答案的。

环节六　小结

师：我想最后问大家一个问题，今天老师给你们上这节复习课的目的是什么？你们能明白我的意思吗？

生1：告诉我们做一道题目时要多思考。

生2：让我们知道学无止境。

生3：总结了所有知识点。

生4：做一道题不能只用一种方法，要多创新。

生5：光靠题海战术是没有用的，我们要掌握最基本的知识点。

生6：我们学的东西都是有用的。

生7：告诉我们要举一反三。

生8：人对于宇宙来说是渺小的，我们学的知识对所有的知识来说也是渺小的，所以学无止境，我们要多学习。

师：今天我们从一个数出发，找了这么多不同的说法，改成了这么多不同的题目，这个过程老师想干吗，大家慢慢去领悟。下课。

浅显易懂与深刻理解
——以“三角形的高”为例

学深，不是学难，难不是深的本来。浅是深的本来，所谓深入浅出。

每一位学生，从有自我觉知起，关于高的认识，便渐渐开始了。所以，关于高的认识，对每一位学生而言，都是十分清晰明确的。因为长高是孩子们心心念念的事情，同伴们在一起，首先比的是谁长得高，如果我们告诉学生他不会比高，他会跟你急。事实上，每一位学生都能把两个人的高比得清清楚楚。

可是，为什么在数学学习中，关于三角形的高，关于平行四边形的高，关于梯形的高，会这么难？原因何在？

特别是到中学，添辅助线会变得特别难，原因都是对高的认识发生了问题。

一个是学生浅显易懂的生活中的高，一个是学生觉得深奥难懂的数学中的高，两个高之间，本质上没有差别，为什么面对不同的高的差别却如此之大呢？这又给予我们教学哪些启示呢？

深度学习往往是最浅显的

在小学数学学习中，“高的认识”是一个难点，难的地方主要有两个：一个是钝角三角形的高，它总是被画在三角形的里面。（见下图）

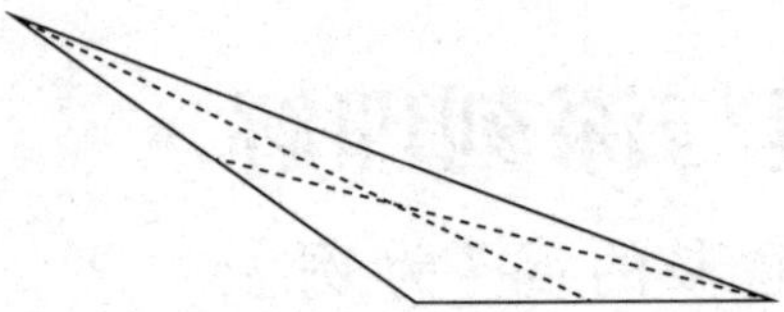

一个是梯形的高，两腰间为什么不能是高？（见下图）

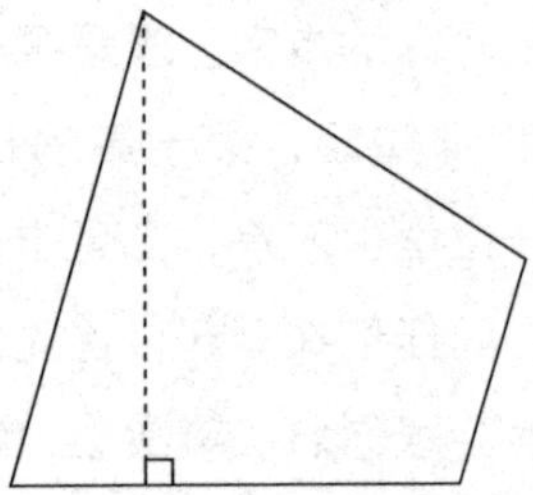

上面第一幅图的钝角三角形的高的问题可以用定义来比对，是顶点到对边的垂线，因为没有垂直，所以不是高。尽管难画，但讲清楚后就不是问题。

上面第二幅图的高可是完全符合定义的，顶点到对边的垂线，为什么也不是啊？

有时，老师也不知道如何向孩子们解释，就强调高只在平行线间，至于为什么——少问，没有那么多为什么。

事实上，“高的认识”是一件十分浅显的事情，我们试着来呈现这个浅显的学习过程。

一、生活中的高：学生是不会错的

学生从孩提时便一直盼望着自己长高，对于高的理解是十分深刻的，无须老师去教，他们一定会的。我们老师要做的事，是把他们会的东西从无意识的混沌中清晰成有意识的认识。

活动一：树高

材料（见下图）：

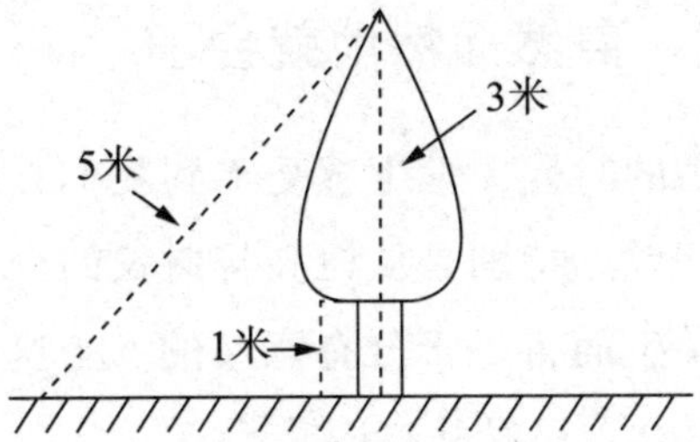

任务：请问树高几米？

讨论一：为什么不是5米？

理由：高是直的，与地面直，这种直叫垂直。

讨论二：为什么不是1米？1米线是直的呀。

理由：没有从最高的顶点开始。

结论：高是从树顶到地面的垂线长。

【分析】得出这个结论，对学生是没有难度的，几乎是天经地义的。学习真的不是一件难的事，再笨的人也知道高是怎么回事。

活动二：树高与树长

材料（见下图）：

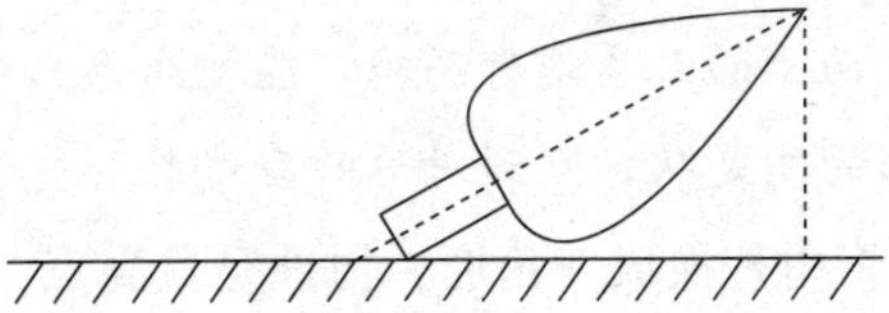

任务：一阵大风，把树刮成这样子了。请问树高变了吗？

观点一：树高没变。

观点二：树高变了，变低了。

讨论：本来树顶可能是摸不到的，树被风刮倒之后，我们就可以摸到树顶了。

结论：树高始终是从树顶到地面的垂线长。

【分析】上页图中树高即树长。本页上图中树高与树长开始分离。当树平躺在地上时，树就没有高了，只有树长了。这个分离，强化了树高始终是从树顶到地面的垂线长的确定性，而树顶是一个点。

二、三角形的高：自然而然地就会了

我们在讨论树高的时候，学生感受不到我们在学习数学，以为只是在讨论一个生活问题。特别是从树高与树长的合一到树高与树长的分离，这一过程对学生而言是十分有意义的。当这一过程完成时，其实关于三角形的高的学习已经基本达成了。

材料（见下图）：

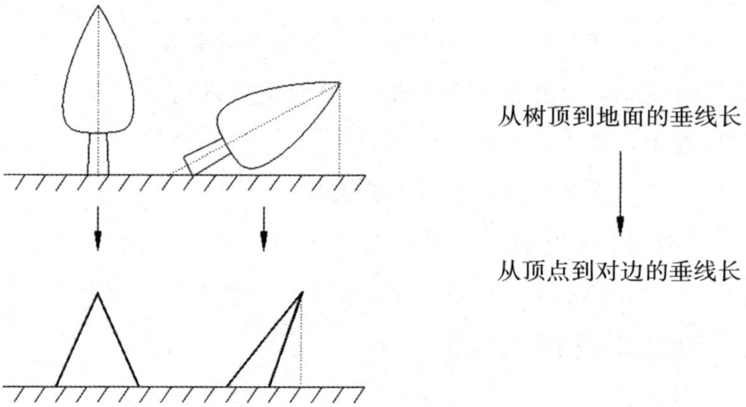

任务：放在地面上的三角形有高吗？能把高画出来？

结论：三角形的高是从顶点到对边的垂线长。

【分析】图中将树替换成三角形，树顶是最高点，三角形的最高点自然是顶点，三角形的高的概念便自然而然形成了。锐角三角形对应着正的树，钝角三角形对应着斜的树。钝角三角形的高的难点便不是难点了，钝角三角形的高的难点被突破后，直角三角形的高便容易讨论了。

三、梯形的高：从最高边到最底边的垂线长

因为三角形的高的定义脱胎于学生对树高的认识，因此，关于高，学生已经深刻地认识到它是从最高点到底边的垂线长的观念，我们可以将这个认识引到对梯形的高的认识上来。

材料（见下图）：

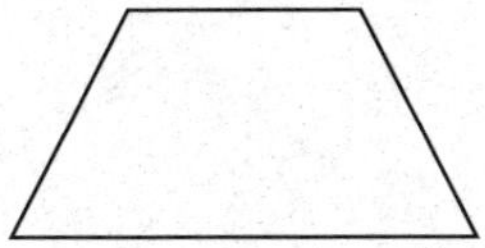

任务一：桥洞的高是从哪里到哪里？

观点：从顶到地面的垂线长。

任务二：梯形的高与三角形的高有什么相同和不同之处？

讨论：相同的都是从最高点到地面的垂线长，不同的是三角形只有一个最高点，梯形有无数个最高点。

结论：梯形的高是从最高边到底边的垂线长，这条最高边与底边的关系是平行关系。

【分析】从三角形的顶点到底边的垂线长发展到从梯形的边（上底）到边（下底）的垂线长，是对梯形的高学习的关键之所在。在这个发展过程中的一个关键问题是“梯形有多少个最高点”，有了对这个问题的讨论，学生自然就明白了从边到边且两边为平行线的结论，形成如下所示的板书，从而得出高在平行线间的结论。

树　　高：树顶 → 地面 → 垂线长

三角形高：顶点 → 底边 → 垂线长

梯 形 高：顶边 → 底边 → 垂线长

（顶边、底边：平行关系）

有了这个结论，再回到第218页第二幅图的问题去，两腰之间的垂线长是高吗？

显然不是，因为这条高是点到边之间的，属于三角形的高，是三角形 *ABC* 的高，不是梯形 *ABCD* 的高。（见下图）从梯形的高是平行线之间的距离的认识，再发展到平行四边形，其差别在于梯形只有一组平行线，平行四边形有两组平行线，因此，对平行四边形的高的认识便也是水到渠成的。

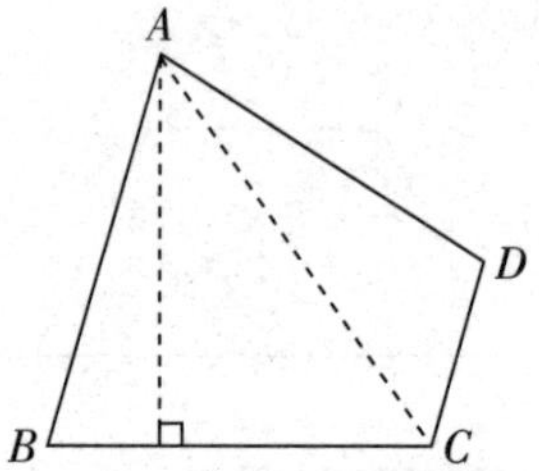

四、高的认识：深度学习不是深奥学习

高的认识，从树高开始，到平行四边形的高为止，最终形成如下板书：

树高：树顶→地面→垂线长（学生经验的整理）

三角形高：顶点→底边→垂线长（学生经验的改造）

梯形高：顶边→底边→垂线长（学生知识的优化）

（顶边、底边：平行关系）

平行四边形高：对边→对边→垂线长（学生知识的优化）

（对边、对边：平行关系）

这个板书充分记录了学生的思维过程，从树高开始，每一步都只是微微地改善而已，是浅显易懂的，几乎没有困难。

学生之所以害怕高，是因为我们的学习通常是直接从定义开始的，从定义开始就会进入比较机械的记忆模式，与学生生动的生活经历不相连：

（1）定义：从顶点到对边作垂线，顶点与对边之间的垂线段叫三角形的高。

(2) 画高。

①先画锐角三角形。

②再画钝角三角形。

……

教材降低了难度，对钝角三角形的高的画法并不要求，但理解了高的真正含义，只要是三角形的高，学生都是可以完成的。所以当学生的学习遇到难题时，大概率是我们的教学有问题了，我们不能简单地放弃。放过了今年，这个问题明年依然是在的。

事实上，学生掌握钝角三角形的高也不是件难事。深度学习的深，不是深奥之深，是深入之深，深入到学生们本来就会的，使本来就会的树高，生长出三角形高来，那么树高就成了一颗种子，而生长的过程便是学生们思维成长的过程。这个成长是如此简单而又自然而然地水到渠成的。

深度学习

至深至浅，难易相通

唐代女诗人李冶有诗“八至”，绝妙之极：

至近至远东西，至深至浅清溪。

至高至明日月，至亲至疏夫妻。

这首诗的绝妙，在于用最直白的语句点明潜藏于日常生活中的、最容易被忽视的道理，是“一语点醒梦中人”的绝妙。至远的“东”“西”却紧密相接，至亲的夫妻却可瞬间至疏。万事万物无不如此，教学当然也是这样。在教学中，远离学生经验的书本知识，却可以在学生经验中找到相似切近的经验和入手点；一个看似简单易理解的知识点，却正是学生迷糊易混淆难以上升到意识层面的似是而非的认识，是难以理解的部分。

例如，“高”在生活中常见常用，但在小学数学教学中，“高的认识”却是公认的难点。尤其是钝角三角形的高，更是难点。大多数学生把钝角的三条高都画在三角形内。有趣的是，无论所画的“高”是否真的垂直，学生总要画上“垂直”的标志，以示垂直。这说明，学生知道“高”应该“垂直”，高的基本特点是“垂直”，也知道“高”要从顶点出发并与底边垂直。但要学生把这些“知道”画出来时，便出现了困扰——如何既能在三角形内又与底边垂直？显然，由此推之，也并非钝角三角形的高是难点，不过它恰巧特殊，集中表现了出来。事实上，在锐角三角形中，也有学生不知如何画出不与地面平行的底边的高。

为什么会出现这种情况呢？多是因为教学始于定义，终于定义，知识只是学生需要学习的对象，没能与学生发生经验的关联。这样的学习深涩难懂，难以入心入脑入情。这样的教学，只是学生人生中短暂的过客，不能留下深刻的印象，难以成为学生学习的工具、材料，难以转化为学生的血肉。

如何化解难点呢？核心是实现知识与经验的相互转化。从俞老师的课中，我们体会到，要有以下几点。

一、搭建一条“由浅入深”的友好路径

生活中的高，例如身高、树高、楼高，等等，学生是熟悉的，理解起来并不难。若从学生熟悉的生活经验入手，便会化解“高”这个难点。正如俞正强老师在前文所说，“学生之所以害怕高，是因为我们的学习通常是直接从定义开始的，从定义开始就会进入比较机械的记忆模式，与学生生动的生活经历不相连”。所以，俞老师执教“三角形的高”时，便从学生最熟悉的“树高”入手，帮助学生把已经会的东西“从无意识的混沌中清晰成有意识的认识”。

俞老师出示了一棵垂直于地面的树，画了三条线段（见下图），一条是由树的顶点向地面所作的垂线（3 米），一条是从树冠底部向地面所作的垂线（1 米），还有一条是由树的顶点向地面所作的斜线（5 米）。

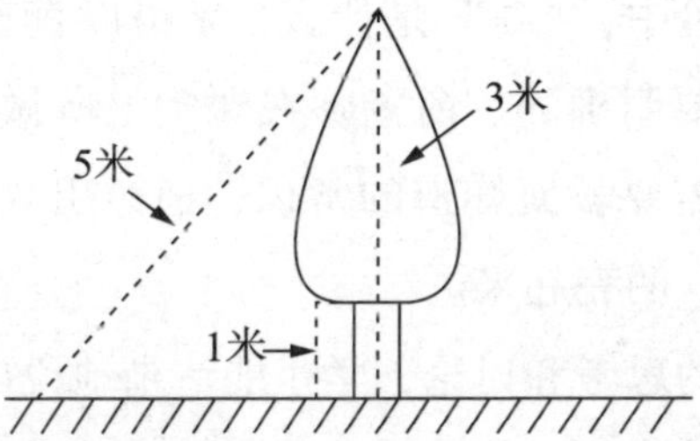

俞老师画的这三条线段是有典型意义的，每一条线段都对学生清晰地认识“高”起到不可替代的作用。首先，这几条线段都分别含有“高”的几个基本要素，如顶点、垂直、地面，却并不都是高，它们中既有正例，也有反例，目的在于让学生能够自觉地在多个变式的对比

中，识别出“高”所具有的基本特征，明确正确与错误间细微却关键的区别。

看到这三条线段，学生能马上就做出正确判断，判断来源于直观的生活经验。但是，为什么俞老师在学生做出正确判断之后又做了大量的引导呢？这样的引导就是把直观模糊的生活经验清晰化、理性化的过程，是把生活经验数学化的过程，是要让学生拥有数学的眼光、数学的思维和数学的语言。

显然，从树高来引入，对学生理解“高”是友好而亲切的，学生不会感觉陌生，也不会有理解无从“着力”的空茫懵懂，已有的生活经验成为学生理解的依托和“根柢”。“树从哪里开始生长的？”——“地面。”“树根长在哪里？”——“地面。”在这两组对话中，高的重要特性出现了。因为树是从“地面”长起来的，所以，“高”是相对于“地面”而言的；树是“直”的，也就是“高”要跟地面“直”——“垂直”，因此，5米长的那条线段不是树的高，因为它是“斜”的，不“直”。1米和3米的线都是直的，都符合与地面垂直的特征，似乎很难判断？事实上，生活经验会让学生很容易判断出1米线不是高，3米线才是高。让学生去区分1米线和3米线，为的是强调和清晰化“高”是从树的“顶点”（即树顶）到“地面”的那条直线。在学生自己已有经验中，“高”是什么，是可以直观指认的，但“高”的关键特征却是需要明确的。俞老师在课堂上所做的，就是把生活中很容易的认识，不需要教便知道的常识，通过引导、点拨，让学生自觉起来、清晰起来、明亮起来。

通过这一阶段的思考和讨论，学生能清晰地说出：“高是从树顶到地面的垂线长。”这个结论，虽然用的依然是日常语言，却包含了高的基本数学元素。这样的表述是学生熟悉的、好理解的，为后续三角形的高的学习打下了自觉的经验基础。

在俞老师的课上，知识与经验在同一序列中，日常生活中熟悉的经验是学生进入学科知识的入口，是学生与学科知识进行联通的通道。

教师需要找到这条通道，为学生的数学学习搭建一条友好的路径。

二、教学是化难为易的艺术

“高”是小学几何教学中的难点，俞老师这节课的几个环节的设计都在化解难点。第一个环节，俞老师从学生熟悉、可感的树高入手让学生来理解“高”的基本特征，是化难为易。它调动学生利用切己之经验，让思考有着力点和锚定点，并由这样的着力点出发去使力，帮助学生主动往深处理解，而不是无根的飘浮状态。

从树高过渡到锐角三角形的高，是从具体事物向抽象图形的过渡，因为有树高做铺垫，锐角三角形的高可通过类比来实现理解。俞老师把锐角三角形的一条边与地面重合放置的做法，为学生提供了将三角形与树进行类比的最佳视角，三角形的顶点类似于树顶，与地面重合的边相当于地面，于是，这个三角形的高就应该是从顶点到地面的垂线。通过两次旋转，可以让学生直观看到三角形的三条边都可视作与“地面”重合的“底边”，与“地面”（底边）对应的有三个顶点。学生能轻易地理解：三角形有三条高，是分别从顶点向底边所作的垂线，“高”一定是某一条底边上的“高”，底边与“高”有对应性。这个类比的法子，也是化难为易的法子，避免了直接从锐角三角形的高入手而带来的困难，让学生有依有靠，融会贯通，形成如下图所示的思维过程。

树顶 ⟶ 地面 ⟶ 垂直的线
顶点 ⟶ 地面 ⟶ 垂直的线
顶点 ⟶ 底边 ⟶ 垂直的线

这节课的难点在钝角三角形的高。俞老师设计的第二环节，便是要处理这个难点。他依然用树来引入，化抽象的难点为具体可感的情境，让学生的思考有着力点。

俞老师问：如果树被风刮歪或者完全刮倒了，它的高有无变化？

在这个环节，学生的表现似乎“不如师意”，因为学生混淆了“树长”与“树高”的区别，而这正是俞老师设计的高明之处。表面上看来，俞老师花了不短的时间来区分语词上的“树长”与“树高”，实际上是要通过“长”与“高”的区别，使学生在思想上进一步强化对“高”的本质特征的理解，强化“顶点”“地面”“垂线”三要素的关系，明确“高一定是从顶点到地面的垂线”。只有思想上清楚不迷糊，才能为理解钝角三角形的高做好思想和情感上的铺垫。

有了“被风吹歪的树的高”的铺垫，“高”的本质特征深入学生脑海、心灵，一切表面、无关的特征都不能扰乱他的判断，换言之，“高”的本质特征已经成为学生理解和判断“高”的工具。原本给学生理解带来困难的那些特征，如“高”是否在三角形内，垂线是不是落在底边线段上，在炼就了“火眼金睛”的学生面前，都“灰飞烟灭”，不成问题。关于钝角三角形高的难题，被俞老师用“一棵被风刮歪的树”所化解，学生觉得轻松而愉快。

明白了钝角三角形的高，直角三角形的高便会迎刃而解，这是三角形的高的本质特征的迁移与应用。

化难为易是教学之所以区别于自学的重要特点，也是优秀教师的共同追求。做到“化难为易”，才能在较短的时间内让学生学得全面，学得愉快、彻底，才能让教学有存在的理由。布鲁纳在阐述他的教学思想时，用了“三个任何”，大意是：可以用正确的方法，把任何知识教给任何年龄的任何人。任何知识，可以是高水平的结构化的原理性的知识，即结构课程；任何年龄，可以是学前阶段的幼儿，即早期教育；任何人，指的是智力正常的任何人。在布鲁纳这里，正确的方法就是运用自己的头脑去发现（自己尚未知晓的知识），即发现法。发现法的正确之处，就在它打通了知识与经验的隔阂，让学生在教师的引导下成为知识的“发现者”，知识成为学生思考和发现的结果，学生与知识有着紧密的意义关联。俞正强老师上课时，常有如下页所示的师生对话，非常经典：

这个问题难不难？——不难。

用不用人教？——不用。

怎么得到的？——自己想到的。

……

这样的对话，不正是布鲁纳思想的实践呈现吗？

也因此，那些通常被认为难教难学的内容，在俞老师的课堂上，学生感受到的却是“不难”，“不用人教”，“自己就能想得到的”，因为他找到了学生与学科知识相通的渠道——学生经验，学生已有的经验以及让学生去体验。

三、深度学习更要重视“浅”

俞老师的“三角形的高”这节课的第三个环节，是总结和梳理。教师与学生一起总结了不同的三角形（锐角、钝角、直角）的高的不同特点，发现其共同点都是从顶点到底边的垂直线。最后的总结环节，又带领着学生走过从本质到变式，再从变式来把握本质的完整的思想过程，再次深化学生的理解。

在俞老师的课堂上，深浅难易是相通的。这节课由深探浅，由浅入深，深入浅出，深浅相通。

俞老师的这节课是深度学习的典型。所谓“深”，首先指学得“彻底”。彻底不是模模糊糊，不是似是而非，而是对知识的本质有清醒的把握。因此，在这个意义上，深度学习并不等同于“高阶思维”，低阶思维也可以达到彻底，而高阶思维也未必能够实现彻底；所谓“深”，还指学生的全情投入、动心动情，学生不是作为旁观者在观望，而是作为参与者深度卷入知识的发现过程中，知识不只是他学习的对象，还与他有深切而紧密的理智与情感的关联。所谓“深”，当然也是和“浅”相对应的那个“深”，是学生在学习之前未曾到达的高度与深度。因此，要到达“彻底”、“动心动情”以及与“浅”相对应的“深”，不能不正视学生所在的“浅”，不能不从学生的“浅”出发，由浅才能入深，浅是深的入口。入深后还要能于“浅”处出，能让学生用自己的眼睛、思维和语言表达人类已经达到的高度和深度。这样的浅，即是深。

好的教学，能够引发学生的深度学习，至深至浅，深浅相通。

附：课堂教学实录

【教学年级：四年级；教材：北师大版】

环节一　树高

出示材料（见下图）：

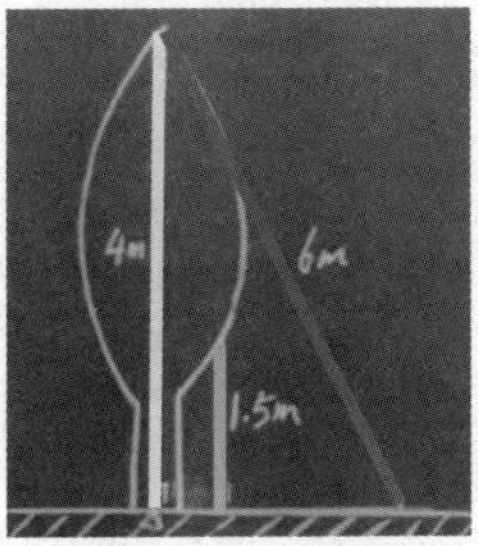

师：老师在黑板画了一棵树，树是长在哪里的？

生：地上。

师：树上画了3条线，一条黄色（指4 m长的线段），一条绿色（指1.5 m长的线段），一条红色（指6 m长的线段），哪条线是这棵树的高？

生：黄色的。

师：大家都同意吗？

生：同意。

师：这件事情难不难判断？

生：不难。

师：谁教你的？你怎么知道这条线是树的高的？

生1：它在树的中心上。

生2：高一定是要有直角的。

师：谁告诉你高一定是要有直角的？

生2：在奥数里学过的。

师：如果没学过奥数，怎么知道的？

生3：黄色的线是从树顶到地面的最短的距离。

师：为什么红色的这条不是树的高？

生4：最长的。

生5：这条线是斜的，而树不是斜的。

生6：一定要90°的。

师：那绿的也是90°的，它是吗？

生7：不是，要从树顶开始。

师：树的高这件事需不需要教？

生：不需要。

师：这条红线为什么不是树的高？树是从哪里开始生的？

生：树根。

师：树根在哪里啊？

生：在黄色这条线上。

师：树要怎么往上长？

生：直着生长。

师：这个直生长在数学里叫90°，绿的这条为什么不是高？

生：上面是从树顶开始，到下面的树根。

小结：树的高是从树顶开始到地面的垂直的线。

师：这条为什么不是高？（分别指绿色、红色的线。）

生：没有从树顶开始，不是一条垂直的线。

师：这件事情需要人教吗？

生：不用。

环节二　三角形的高

出示材料（见下图）：

师：现在老师把一个三角形放到地上，三角形的高是从哪里到哪里？这个问题很难吗？你为啥不举手？

生1：是从最上面的顶点开始。

师：哪个是顶点？你来指一指。

生1：从顶点到地面，成垂直的关系。

小结：三角形的高是从顶点开始到地面的垂直的线段。

环节三　画高

师：这条高我们请他画出来。(见下图)

师：对他的作品有想法吗？同意吗？你怎么画？你上来画。

师：他们俩的画法有差别吗？他们是怎么画的？

生：都是用三角板的直角边画的。

师：是的，只是一个画得准一点——这一条就是三角形的高。(见下图) 高是从顶点到地面的垂直的线。这件事情需不需要教？

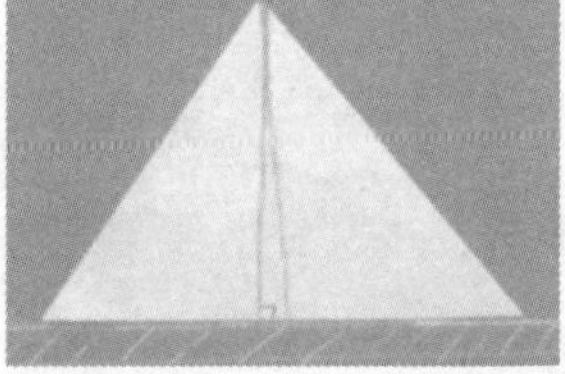

生：不需要。

师：现在把这个三角形转一下，这样放。有高度吗？是从哪里到哪里？怎么画？

学生在黑板上操作，见下页图。

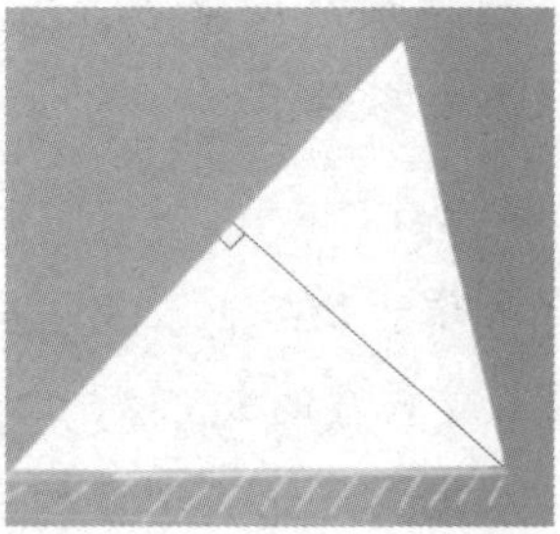

师：三角形有几个顶点？

生：3 个。

师：如果再转一下，还能画一条高。这条高怎么画？你来试试看。

学生在黑板上操作。

师：这条画的就是三角形的高，地面上这条叫作三角形的——

生：底。

师：三角形有几条高？

生：3 条。

师：几条底？

生：3 条。

师：一条底上画几条高？

生：1 条。

师：三角形有几条底？

生：3 条。

师：所以画出了几条高？

生：3 条。

师：请拿出作业纸，做第一题，画出三角形的高，这个第一题和黑板上的三角形相比没有地面了，用直角边画，再标上底和高。

学生反馈（见下页图）：

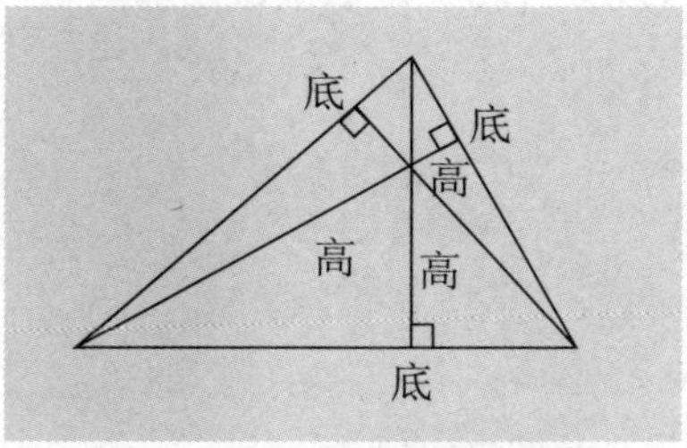

师：在这条底上画高和我们在地面上画高是一样的，那在这条边上画高要怎么画呢？

生 1：把作业纸转过来。(见下图)

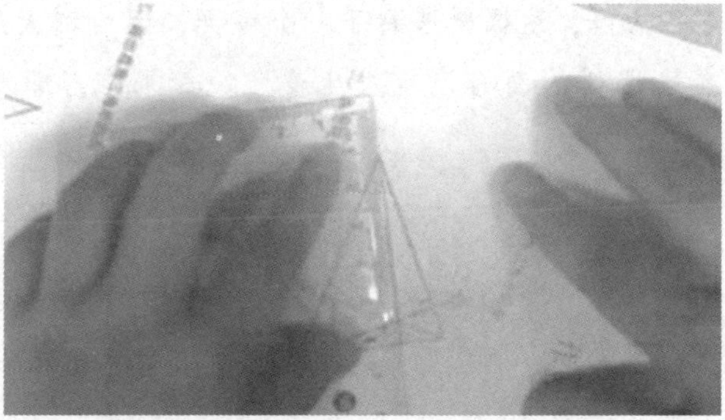

师：同学们看她这样放对不对？

生 2：不对，应该把直角对着下面。

师：她发现画下面的底的高比较容易，画斜的时，把纸转一下，再用直角边对着底。还有别的办法吗？

生 2：旋转尺子，再用直角边去对准底。

师：最后再写上底和高。一条底对应着一条高，是这样的小朋友举手。

师：大家觉得画高的时候要注意什么？

生：一定要和直角边对齐，一条直角边对准底，另一条直角边对准顶点。(见下页图)

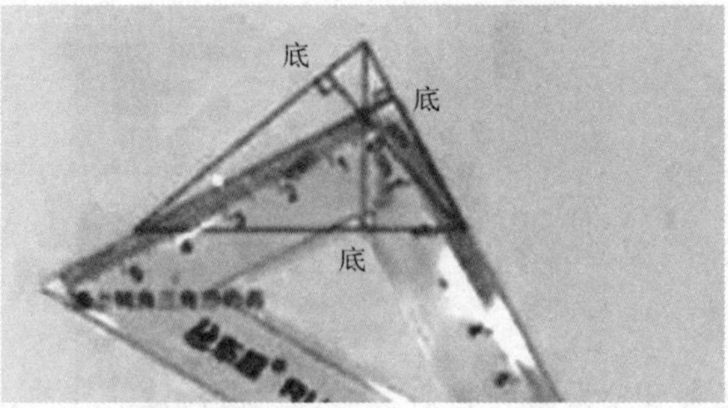

环节四 树高和树长

师：同学们看好，这棵树遇到了一个情况，因为刮大风了，它被刮歪了，现在这棵树的高有没有发生变化？如果有，那发生了什么变化？

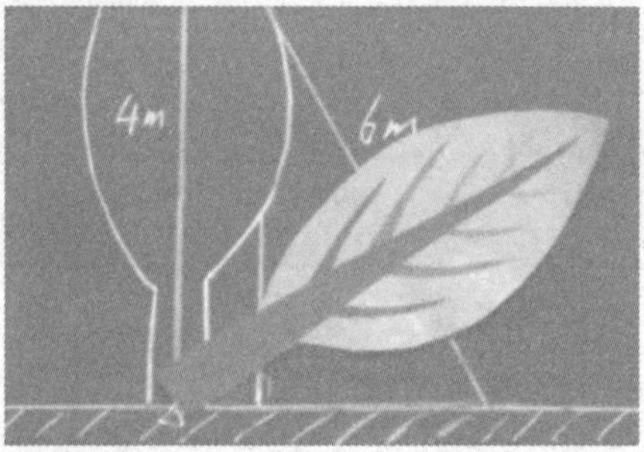

教师采访了4名学生，他们普遍认为高没有发生变化。

师：有没有不同的意见？

生1：高发生了变化，高是垂直的线段，这样高到地面就没有4米了。

生2：高没有发生变化，虽然斜了，但高是不变的。

生3：树高还是从树顶到树根，如果考虑自然条件吹歪了，可能会小一点，但基本上还是4米。

生4：高是不变的，被风吹歪了，高就少了，不科学。

师：现在有两种意见，一种坚持认为没有变化，另一种认为被吹

歪了，高是从树顶到地面垂直的高度。(见下图)

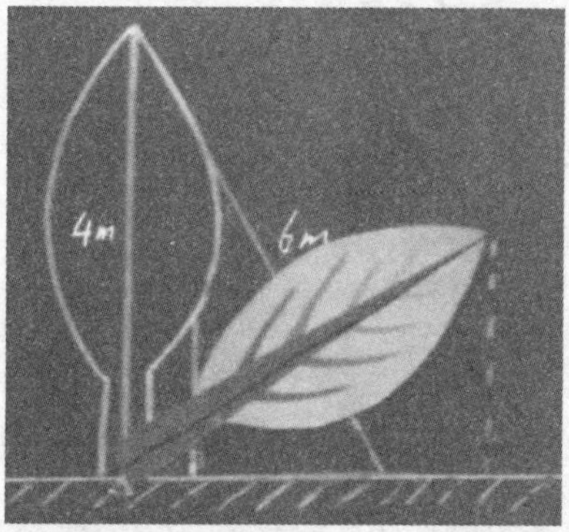

师：大家觉得这两种哪种比较有道理？

生5：我认为高发生变化了，从原来的4米变成不到4米。

生6：高发生了变化，因为角度发生变化了。

生7：高是从树顶到地面的距离，所以发生变化了。

师：那原来的4米变成什么了？

生8：是树本身的高度，而不是离地面的高度。

师：假设再极端一点，树被刮倒在地面上了，这时候4米是树的什么？

生9：树长4米。

师：那现在树高多少？

生：0米。

师：回到起始的状态，这时候树的长度就是树的高度。高几米？长几米？

生：高4米，长4米。

师：树如果倒下来了，这时高几米，长几米？

生：高0米，长4米。

师：那现在呢？

生：树长4米，高2米。

师：有什么感觉？

生10：树长是不变的，树高是从顶点到地面的垂直的线。

师：这件事情需不需要人教？

生：不需要。

师：树高是什么？

生：是树顶到地面垂直的线。

环节五 钝角三角形的高

师：这个三角形有高度，会画吗？（见下图）你来试试，摆一摆。

师：接下来我要变了，希望你能从前面树被刮倒中得到启发。这个三角形的高是从哪里到哪里？（学生板演。）

师：这个你会画吗，拿出作业纸试一试。

学生练习后反馈。

师：钝角三角形的高有什么特点？

生1：要画在三角形的外面。

师：有几条在里面，几条在外面？

生：1条在里面，2条在外面。

师：请你对这个作品发表评价。（见下页上图）

生2：画在里面的高长出来了。

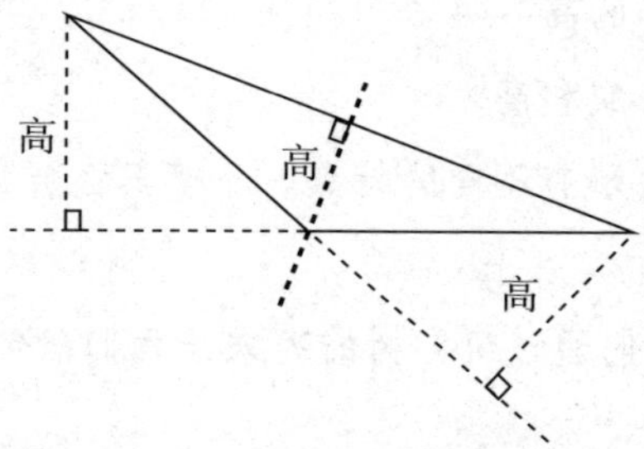

生 3：画在外面的高对应的底是三角形的边，不是虚线。

师：钝角三角形我们画了几条高？

生：3 条。

环节六　直角三角形的高

师：老师给你们准备了一个直角三角形，你能画出几条高？

学生思考后反馈。(见下图)

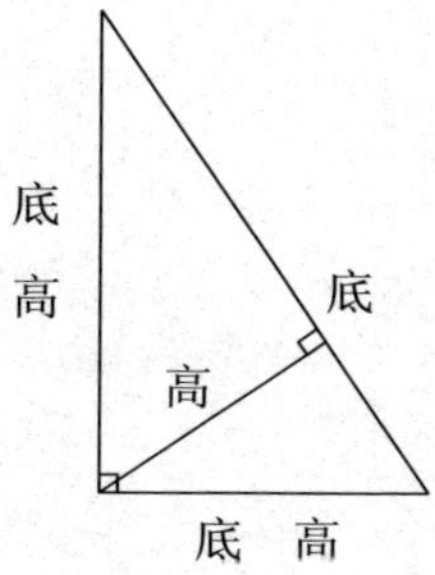

生：这条边既是底又是高。

师：直角三角形的直角边互为底和高。

环节七　回顾总结

师：今天我们研究了三种三角形的高，每种三角形都有几条高？

生：3 条。

师：锐角三角形的高——

生：都在三角形里面。

师：钝角三角形的高——

生：有两条在外面。

师：直角三角形的高——

生：直角边互为底和高。

师：不同的三角形有不同的特点。不管怎么样，都要去找——

生：顶点和底边。

师：（总结）我们通过研究树的高来给我们研究三角形的高带来点启发。

深度体验与量感达成

——以“度量天下”为例

在小学，从厘米开始，学生要认识长度单位、重量单位、面积单位、体积单位、容积单位、时间单位、温度单位、角度单位，等等。

打个比方，当我们面前放了一桶水的时候，我们对水性是很难有感觉的，我们可以称之为“水感”。但如果我们前面是由一万桶水集合起来的一池水时，我们身处其中，我们对水性的感受就开始不一样了。以此类推，当我们面对的是大江、大海时，获得的“水感”又会不一样。

同理，火亦如此。

如果明白了这两个比方，那么，我们在小学，将那么多计量单位学完之后，一定要把这些计量单位集中起来。集中起来了，学生的量感便喷薄而出了。

这便是这节复习课的意义。

种子课

在复习中达成对“量感”的深度体验

以前我们讲数感比较多，现在开始谈论“量感”。不管对量感怎么定义，我们知道，量感是与“度量”连在一起的一种理解，即所谓对客观世界定量刻画的一种能力。

小学六年的数学学习，有许多关于度量的知识，每一个计量单位的学习都是在培养量感，而这种基于一个计量单位的量感则可能在同一个水平上重复。因此，在六年级总复习的时候，我们设计了一节关于计量单位的总复习——“度量天下”，想引导学生们基于全部的计量单位，而形成对量感的深度体验。

一、回忆梳理，在复习中形成深度体验的基础材料

材料：

度量			
单位	工具	对象	属性
例：cm，dm，m，km	尺子	线	长短

要求：请依据这个例子，将这份材料完成好。

流程：

(1) 呈现材料，熟悉材料。

(2) 学生独立完成材料。

(3) 反馈，呈现学生们回忆后梳理出的度量材料。

(4) 讨论：有没有遗漏的。

【环节意图】

(1) 回忆梳理，在记忆层面完成对度量知识的复习，并且在同学

的相互比较中诊断出相对比较弱（忘记）的知识，起到查漏补缺的效果。

（2）在回忆梳理中，感受同学们对度量的不同感悟，形成深度体验的基础。

【教学实施】

（1）绝大多数学生都能比较快地完成如下材料：

单位	工具	对象	属性
例：cm，dm，m，km	尺子	线	长短
cm^2，dm^2，m^2	尺子	面	大小
cm^3，dm^3，m^3	尺子	空间	大小
g，kg	秤	物体	轻重
秒，小时	表	时间	长短

（2）在整理元、角、分这几个单位时，学生在书写工具的时候遇到困难，讨论十分热烈。元、角、分是单位没问题，那工具呢？最后整理而得：

元，角，分	人民币	物体	价值

人民币原来是一种度量工具，这对孩子们的冲击非常大。

（3）很多学生都忘了“度”，使得大家都忍俊不禁。

度（摄氏度）	温度计	气温	高低
度	量角器	角	大小

（4）一个令全体学生意外的整理，让大家感受到了同样的学习、不同的“量感”带来的差异。

个，十，百，千	数字	物体	多少

当这名学生这样做整理后，大家突然明白，物体的多少这种计数，本质上也是计量。记的是物体的“多少”的属性，计数单位便成了计量单位，数字成了一种与尺子一样的工具。

二、认识度量，在讨论中形成对度量的深度体验

材料：

度量

单位	工具	对象	属性
例：cm，dm，m，km	尺子	线	长短
cm^2，dm^2，m^2	尺子	面	大小
cm^3，dm^3，m^3	尺子	空间	大小
g，kg	秤	物体	轻重
l，ml	量杯	液体	多少
秒，小时	表	时间	长短
摄氏度	温度计	气温	高低
度	量角器	角	大小
元，角，分	人民币	物体	价值
个，十，百，千	数字	物体	多少

问题：

（1）同学们认为是先有度量单位还是先有度量工具？

（2）我们为什么要做“度量”这件事情？

（3）“度量”这件事的过程应该是怎样的？

（4）在这份材料中，最让你感到意外的是什么？

流程：

（1）学生独立思考或同桌讨论。

（2）反馈：汇报思考或讨论结果。

（3）讨论：哪些思考或讨论结果为大家所接受？

（4）小结。

【环节意图】

（1）将小学六年所学的计量知识完整列举、梳理后，将这些原本散落在各个年级的知识形成一个完整的知识块。

（2）将学生们的关注点从“计量单位”提升到“度量”这件事，从而将基于计量单位的量感提升至基于“度量”的量感。

【教学实施】

（1）学生们对先有单位还是先有工具这个问题的讨论十分热烈。因为我们在课堂上多是通过工具认识单位的。比如，“厘米”是在尺子上认识的，“秒”是在钟表上认识的。这种课堂上的认识，使得学生认为这个世界上是先有工具的。这个认识的改变，是正确理解度量的一个十分重要的改变。

（2）“度量”这件事情，是因为生活方便的需要。这个理解是从如果没有度量，这个世界将会怎样的讨论变得深入的。学生们普遍认为，如果没有度量，这个世界会很乱。

（3）“度量”这件事情的一般流程可以表述为：

①我们需要去描述物体的某个属性；

②我们针对这个属性规定单位；

③根据规定的单位制作工具；

④运用工具，对这个物体的属性进行测量；

⑤将测量得到的结果加以表达。

（4）在这份材料中，学生们最感意外的大都指向“工具”，如“人民币”“数字”这样的工具，从而加深了学生们对数学的理解。

三、生活经历——我们还经历过哪些书本上没有的度量

材料：

度量

单位　　工具　　对象　　属性

问题：书本以外，同学们经历过哪些度量？

流程：

（1）独立思考或同桌讨论；

（2）反馈。

【环节意图】

用度量的知识去回忆生活中的度量经历，激活经历，从而融合课内课外形成一个更广阔的思考背景。

【教学实施】

形成如下材料：

单位	工具	对象	属性
度	视力表	视力	高低
度	电表	电	多少
分贝	分贝仪	声音	高低
马赫	记速仪	物体移动	快慢

结论：

（1）度量无处不在；

（2）生活离不开度量；

（3）好像所有的对象都是可以度量的。

四、问题讨论——这世界有什么东西是不能度量的

材料：

（1）课本内的度量整理；

（2）课本外的度量整理。

问题：有没有不能度量的对象属性？

流程：

（1）独立思考或同桌讨论；

（2）反馈；

（3）讨论：你同意吗？

（4）结论。

【环节意图】

（1）从验证所有对象是否都可以度量这一问题入手，让学生们的思考脱离具体的经历，进入纯粹的数学思考。

（2）通过讨论，形成世界皆可度量的体验。

【教学实施】

（1）学生们首先提出了宇宙不可度量，因为在学生们的认识里，宇宙是无边无际的，所以不可度量。老师问：宇宙的什么不可度量？这就把对象聚焦为一个属性。宇宙的距离吗？宇宙的距离是可以度量的，单位用光年。宇宙的距离是无限的，自然数的大小也是无限的。对宇宙的距离，虽然我们得不到结果，但它是可以度量的。度量不出与不可度量是不一样的。

（2）思想情感是不可度量的。学生们的脑洞开始大开。思想的什么属性不可度量？思想的价值。情感的什么属性不可度量？情感的深浅。学生们继续讨论：思想的价值，我们用千秋万代来度量，把思想的价值转化成了时间单位，这样，思想的价值度量便成了时间单位。情比海深，月亮代表我的心。这样，海成了情感的度量单位，月亮成了心的度量单位。

五、总结回顾——今天的复习课取一个什么题目

材料：黑板上的所有记录材料。

问题：今天这节课，谁能用一个课题来总结一下？

流程：

（1）独立思考；

（2）反馈；

（3）讨论；

（4）结论：这节课都在讨论度量这件事，我们发现天下所有的对象都是可以度量的，我们用了一个题目：度量天下。

六、结语

一节复习课，学生们的的确确对“度量”的认知发生了改变，这种改变便是量感的提升，而这种基于体验的提升，只能在复习课里进行。因此，复习课有着新授的功能。

深度学习

于整体中实现深化

学生的学习是随着年龄的升高逐渐展开的，完整的知识系统也是分学年分课时渐次展现的。备课需要宏观视野，需要在整体把握的前提下确定细节，上课却只能按顺序一课接着一课上。如此，就可能造成知识的分段和散碎。使分段、散碎的知识贯通联结，使学生形成整体印象和意识的任务，通常由复习课来完成。

让学生于“旧”知识中发现“新”意义，于已知之中生成对未知的想象与预测，于整体中深刻认识所学知识的本质，引导学生深刻把握学科的思想方法和研究方法，实现深度学习，是复习课的重要任务。在这个意义上，复习课，尤其是六年级总复习具有新授的价值——这是复习课不可被替代的重要原因。

俞正强老师的“度量天下”一课为这类复习课树立了典范。俞老师对这节课的定位是：让学生对量感有深度体验。

这节复习课，特别体现了小学数学的三个“会”，会用数学的眼光观察现实世界，会用数学的思维思考现实世界，会用数学的语言表达现实世界。

一、倒叙纵览，在整体中深化理解

量感与数感一样，纵贯小学六年，是学生要形成的一种重要素养。

小学六年，学生学习的每一个度量单位都在培养量感，而六年级的总复习，则要在已有学习的基础上，帮助学生形成关于“度量”的整体认识而非停留于一个个具体的计量单位上。这里所说的整体，主要不是把珍珠穿成项链的那个整体，也主要不是象鼻、象腿、象尾巴合成的大象整体，而是以若干具体生动、长相各异的大象为基础，去把握“大象”共同的本质。换言之，复习课要让学生能够站在山巅之上回望曾经学过的知识、经历的活动，从而在思想中浮现出对“度量”的整体认识。

复习课，如何激发学生主动活动的愿望，让学生积极参与到教学中来呢？

俞老师共设计了五个环节。

在第一个环节中，俞老师以生活中最常见、学生最熟悉的长度计量为例，提供了“单位、工具、对象、属性”所构成的度量要素框架，供学生复现、整理、再反思六年来所学的度量知识。当学生“照葫芦画瓢”依此框架进行知识整理时，必须对度量单位与度量对象的属性进行关联匹配，这样，就引导学生在头脑里去领会工具上的单位与对象的属性的相互对应关系，同时，学生也会明晰单位是在工具上、属性则是对象的。

小学六年，学生学过大量的度量知识，做过大量的度量实践，如长度度量、重量度量、面积度量、体积度量等。由于是按顺序分别学习的，学生尚未形成整体的、统一的度量观念，在一些学生那里，还伴有一定程度的刻板印象，例如，认为度量工具必得是如尺子那样具象可见的实物。课堂上，学生对“数字”和“货币”是度量工具的事实感到惊诧，便是这种刻板印象的表现。

通过与同学、老师一起整理六年所学的度量知识，集中思考度量的四个要素的匹配对应关系，既扩展了学生的思维空间，也帮助学生摆脱了度量工具实体化的思维定式。经过复习讨论，学生可以理解，十百千是单位，数字是工具；将数字作为工具、数位作为单位，乃至看出隐藏在具体事物背后抽象的、形式化的属性，如大小、轻重、长短、多少等等，就说明学生能够用数学的眼光和头脑来观察和思考现实世界了。那么，已经学过的计量单位便与所要度量的对象的属性建立起关联，理解到某种计量单位是与对象的某种属性相对应的。

二、用数学的方式来思考人与世界的关系

俞老师设计的第二个环节，是利用第一个环节形成的复习材料，让学生基于材料、超越材料去思考“度量”这件事情本身，从而形成对度量的整体认识。

为什么在复习课上特别强调形成整体认识呢？这是因为，当计量单位作为学习对象时，学生形成的主要是关于“某个”计量单位的知识、技能以及相关思考。例如，学习厘米时，要知道厘米是个长度单位，用 cm 表示，建立厘米的表象，能用厘米做判断，能用厘米做度量，能够将厘米与米、分米等进行换算；一些优秀教师还会带领学生去思考“为什么要有单位”。例如，俞老师在计量单位的新授课上，计量单位的规定及单位间的换算并不是重点，重点是让学生弄明白单位是怎么来的，初步体会度量的意义。在“厘米的认识”一课中，俞老师让学生体会生活中就有的朴素粗糙的比较物（如一拳头、半头），感受标准比较物的必要性；在“角的大小”一课中，俞老师让学生重点体会“度”的人为规定性，体会“量角器”是怎么来的。显然，俞老师在计量单位的新授课中，就是在度量整体观的背景下来带领学生学习具体的计量单位。但是，整体思考度量这件事本身，不是之前各节新授课的任务，学生的理解能力和教学内容的安排也都不可能实现这个任务。换言之，以某个计量单位为对象的学习，要为思考“度量”打下基础，而对“度量”本身的思考与把握，要由复习课来实现。这个任务是此前一系列的新授课无须达到也不可能达到的任务。

俞老师提出的“先有度量单位还是先有度量工具？”和“我们为什么要做‘度量’这件事情？”这两个问题，把学生从对具体知识的复习转向了对“度量”的思考。正如俞老师在前文中所说，这两个问题是帮助学生将“关注点从‘计量单位’提升到‘度量’这件事，从而将基于计量单位的量感提升至基于‘度量’的量感”。在这个意义上，这两个问题是这节课的点睛之笔。

俞老师“先有单位还是先有工具”的问题一提出来，便在学生心里引起了巨大的认知冲突。因为在日常生活以至在计量单位的学习中，人们（包括学生）往往将其作为天然自在的客观事实来接受，是不需要加以思考的客观存在，既不思考它是怎么来的，也不思考它与对象属性的关系。原本学生知道尺子有厘米、钟表上有时分秒、量角器上有刻度，知道尺子用来量长度、量角器用来量角的大小，于是会模糊地意识到好像工具先于单位，单位先于对象，因为有工具才能去度量对象啊。但俞老师的问题却逼迫学生不得不对度量这件事本身加以审视。显然，要回答“先有单位还是先有工具”这个问题，必须先弄明白对象与度量的先后。经过思考和讨论，学生们才意识到：对象是先于工具的，当需要确定对象的某种属性时，便有了度量的需要；人们根据对象属性去规定相应的单位，有了单位才去制成工具。可见，单位在先，工具在后。这样的讨论，扭转了度量工具先于度量对象的想法，也使学生意识到：度量是人的自觉需要和创造，是人对客观对象的主动把握，让学生初步感受到度量是理解和把握对象世界的一种方式。如此，学生就能够理解静态客观的知识原来是人创造的，是与人有关系的，是人把握世界的认识成果。

人们常用“目中无人”来批评那些只看知识不看学生的教育现象。事实上，真正的目中无人，不仅看不到学生，也看不到知识中人的因素。或许可以说，因为看不到知识中活泼泼的人的因素，才会看不到教学中的学生。看不到知识正是人发现、建构的，便不知道学习知识是为了什么，于是就只把知识作为客观物递交出去，根本不去看学生是怎么学的，学得怎么样，学了之后又会怎样，在教学中便不会去自觉引导学生去观察和思考。

俞老师的这个问题则把人的主动因素从客观的知识中凸显出来了。他把学生引向思考人是如何认识和把握外部世界的，又是如何在认识和把握外部世界的同时使自己的认识和感受敏锐、明朗起来的。就度量而言，度量也是人们理解和把握世界、建构人与世界关系的一种方式。因为有了度量，对象在我们眼里由模糊而清晰，由笼统而精确。如此，学生就能够理解，所谓数学的眼光、思维和语言，就是人的眼光、思维和语言，只不过是把生动的方式转化成了数学的方式。在课堂上，俞老师用学生最熟悉的方式让他们清楚“度量”是人的需求。他请一个男生站起来，跟同学们一起来讨论：我们想知道他有多高，所以用尺子去量；我们想知道他有多重，于是用秤去量；他如果发声，我们想要知道他的声音有多高，于是要用分贝仪……。这就是度量，是人对世界的主动把握。

三、在迁移应用中对知识进行论证

俞老师设计的第三个环节是个过渡环节，通过对计量单位的迁移应用来扩展度量的范围，为后面的“一切皆可度量”打下心理和知识的基础。

俞老师问：我们还经历过哪些书本上没有的度量？这个问题是在引导学生用数学的眼光去观察现实生活，从已经学过的拓展到没学过但在生活中听过、见过的。经过这个环节的讨论，学生便形成了“度量无处不在，生活离不开度量，好像所有的对象都是可以度量的”想法，这便是对“度量”本身的初步哲学思考了。

形成了如上想法之后，俞老师提出反向问题——“这世界有什么东西是不能度量的？有没有不能度量的对象属性？”，引导学生反思之前形成的想法，去论证（或证伪）其合理性。这样做的目的，在于引导学生脱开具体的对象和经历，进入纯粹的数学思考。

学生想到了无边无际的宇宙，想到了不具实感、飘忽不定的思想与情感，这些似乎都难以度量。那么，哪种属性不可度量？原来，宇宙的长度属性依然可以度量，只不过“度量不出”，就像自然数没有止境一样。思想的价值可以转换为流传时间的长度，情感的深浅可以转换为交往的频度。因为“人人心里都有杆秤”，所以“路遥知马力，日久见人心”。以数学的眼光来看，一切皆可度量。只要能说得清属性，就可以规定相应的单位去度量。所以，这节课可以叫作“度量天下”。

但是，总有那样一些对象，即使度量了它们的所有属性也依然抓不住它们的灵魂。于是，人们便以诗性的方式去把握对象，例如，“情比海深”，“月亮代表我的心”，“海，成了情感的度量单位；月亮，成了心的度量单位”。这依然是数学，因为它要把不可见的“表示”为可见的，用能理解的去“代表”难以理解的，只不过，它是诗性的数学。最逻辑的数学，竟然是与诗相通的：

“春水初生，春林初盛，春风十里，不如你。”（冯唐《春》）

一切皆可度量。

想要度量一切，想要把握一切，能够把握一切，皆因人有灵性、有灵魂。

附：课堂教学实录

【教学年级：六年级；教材版本：北师大版】

环节一　度量导入，开门见山

1. 呈现材料

教师首先板书：单位、工具、对象、属性。

师：同学们，今天我们上一节复习课，好不好？

生：（齐答）好。

师：复习的主题是度量，在小学六年当中，我们学过很多关于度量的知识对不对？（板书：度量。）

生：（齐答）对。

2. 反馈交流

师：那么现在老师举个例子，度量单位有什么？（教师指着板书引导学生回答。）

生：厘米、分米、米。

师：度量的工具呢？

生：尺子。

师：度量的对象呢？

生：线。

师：度量的属性呢？

生：长度。

师：或者更确切地说是长短，它有长有短。

环节二　互动交流，连点成线

1. 呈现材料

师：现在根据老师举的例子，你接着往下写，能写几个？试试看。

学生独立完成。

师：依次往下写，我们学过的六年中，你能整理出多少个这样的例子？

2. 书本中的度量

师：我们先停一下，现在哪一位小朋友来汇报一下，你写了几个？

生1：2个例子。

师：有没有比他更多的？

生2：4个。

师：你写了4个，有没有比4个更多的？你写了几个？

生3：5个。

师：有没有比5个更多的？

没有学生举手。

师：好，一位小朋友写了5个，那我们就请写了5个的小朋友来汇报。请你来汇报，我把你的汇报写下来。

生4：单位是毫升、升。工具是量筒或者量杯。对象是液体的体积。

教师边板书边复述。

师：同意吗？

生：（齐答）同意。

师：或者说液体所占的空间。好，这是一个，第二个？

生5：单位是平方厘米、平方分米、平方米。工具是尺子。对象是面。

师：对象是面，它是用来测量面的什么属性？

生5：面的大小。

师：同学们同意吗？

生：（齐答）同意。

师：接下来第三个。

生5：单位是立方厘米、立方分米、立方米。工具是尺子。对象是物体。属性是所占空间的大小。

师：已经有三个例子了，还有两个没说，请接着说。

生5：单位是秒、分、时。工具是秒表。对象是时间。

师：时间的什么？

生5：时间的长短。

师：这个秒有没有学过？时、分、秒、年、月、日，你有没有想到？

师：第五个接着说。

生5：单位是克、千克、吨。工具是秤或者说是衡器。对象是物体。

师：是什么属性？

生5：是重量。(教师板书。)

师：同学们，我们来判断一下他说的这五种对不对？

生：对。

师：我想来采访一下你，哪个没有想到？

生6：我是秒和上面的长度没想到。

师：你是哪个没想到。

生7：我没想到的也是那个秒。

师：同学们，对这个“没想到”，你有什么感受？

生8：需要复习巩固。

师：就是我们没想到的是不是就是容易被我们遗忘的？所以对我们小朋友来讲，这个时间的度量可能就比较容易被遗忘。

师：那六年之内，我们学习的度量知识不在这五个里面的，还有没有？

生9：还有计数单位，个、十、百、千、万。

师：这些也是单位，这些是什么单位？

生：计数单位。

师：这些计数单位的工具是什么？这些计数单位的对象是什么？

生：物体的数量。

师：大家发现没有，每一个物体都有数量，这里有几个？

师：这两个物体有什么属性？

生：数量。

师：那么这里对象有了，属性有了，单位有了，它的工具是什么？

生：数字。

师：数字其实就是一种工具，专门用来度量物体的数量的。（随学生所说板书。）

师：谁告诉你的？

生9：我自己想的。

师：原来个、十、百、千也是度量的单位，它们来度量物体的数量，而且数字是作为工具的。

3. 生活中的度量

师：还有吗？还有这么多呀！你说说看。

生1：单位是摄氏度。工具是温度计。对象是温度。

师：这个温度有没有学过？你有没有想到？请你来说。

生2：千米/时、米/秒。

师：这是什么？

生2：速度单位。

师：工具呢？

生2：我觉得秒表要用，尺子也要用，分别测量时间和长度。

师：对象呢？

生2：物体的运动。

师：属性呢？

生2：快慢。

师：它的对象是物体的运动，属性是快慢，同意吗？

生：(齐答) 同意。

师：还有吗？我们学过的这么多呀！

生3：角的大小是度。

师：工具？

生3：量角器。

师：对象？

生3：角。

师：属性？

生3：角的大小。

师：同学们都想到了吗？

生：(齐答) 想到了。

师：还有吗？

生4：元、角、分。

师：元、角、分是几年级学的？

生：二年级。

师：对象呢？

生4：钱。

师：对象怎么会是钱呢？

生：人民币。

师：人民币是工具，人民币是用来衡量什么的？

师：物品，对不对？

师：这个本子它的大小是用面积衡量的，物品的贵贱或者是价值是用人民币，或者说用元、角、分来度量的。(随学生所说板书。)

4. 交流感触

师：那我想问一下大家，在这些例子当中，前面我们最容易没想到的是秒，现在最让你感到惊诧的度量的列举是哪个？

生1：元、角、分。

生2：个、十、百、千。

生3：元、角、分。

师：同学们，在这么多选择当中有很多小朋友选的元、角、分，也有选择个、十、百、千的，还有选择温度的，你有何评论要发表？

生4：我们平时有些知识如果不是很常用就容易遗忘，所以我们要复习。

生5：这些都是我们生活中常用的一些知识，只是我们平时不经常去刻意学习。

师：同学们，我们觉得惊诧的经常是我们最熟悉的。

生6：像人民币、数字虽然我们每天都要用到，但是可能很少会刻意地想单位是多少，属性是什么。

（1）列举度量带来的惊诧

师：这个小朋友讲到一个说法，在度量中我们最容易接触到的是哪个？

生：元、角、分，个、十、百、千，温度。

师：这些是我们平时最容易接触到的，但是我们在列举的时候却最能给我们带来惊诧，这是我们的一个体会，还有别的体会吗？从这个体会当中你能得出什么结论吗？

生7：对生活中的事物要多去观察。

生8：太容易见到的东西往往容易被忽视。

师：生活中接触最多的却经常是被我们忽视的。（同时板书。）

（2）度量工具带来的惊诧

师：同学们，接着往下看，在这个工具当中，最让你感到惊诧的是哪个？

生9：人民币。

师：发现人民币原来是工具，他很意外。

生10：数字。

师：对数字最惊讶，数字居然也是工具。

生11：我觉得人民币最使我惊讶。我觉得人民币应该写货币，有些地方用的是美元。

师：应该用货币，同学们同意吗？

生：同意。

师：那美元的单位是元、角、分吗？

生：不是。

师：如果写美元的话，那么单位也要给它换掉。

生12：我对数字最惊讶。因为数字在我的眼里，一直都是个物体，没想到它是拿来衡量其他东西的工具。

师：(小结) 数字最让我们惊诧，因为我们认为像温度计是工具，很好理解；像钟表、尺子做工具都很好理解，但对数字居然是工具很难理解，很让我们惊诧。

师：同学们，你感受到惊诧，就说明你是一个会学习的人。

环节三　度量单位的产生及其意义

1. 辨析度量单位、工具和对象的关系

师：好，接下来老师要开始提问了，这是度量的单位、工具、对象和属性，我的问题来了，这世界上是先有度量单位的，还是先有度量工具的，或是先有度量对象的？

生1：度量对象。

师：先有度量对象对吧，这个对象有各种各样的属性。比如说这是一个对象（请一个学生起立），他有高度，高度归谁度量？

生：尺子。

师：他有重量，归谁度量？

生：秤。

师：高度也是他的一个属性，重量也是他的一个属性，先有对象，对象有好多的属性，现在他要开始跑步就由谁来度量？

生：秒表。

师：他要发出声音就由谁来度量？

生：分贝仪。

师：（小结）一个物体有很多属性，对每个属性我们都会进行度量，所以这世界上是先有对象的。

2. 辨析度量单位和工具的关系

师：那先有对象之后，是先有工具还是先有单位？

生1：我觉得是先有工具。

生2：我觉得是先有单位。

师：现在有两种观点，一种是先有工具后有单位，一种是先有单位后有工具。请你来发表自己的见解，你支持哪一种观点？理由是什么？

生3：我觉得是先有工具，因为如果说没有工具的话，就不会有单位，单位发明出来之后没有工具也没有用。

师：他认为是先有工具再有单位的。

生4：我觉得是要先有单位的，因为有单位才能制成工具。

师：他是这样的观点，你们觉得哪个观点你们比较容易接受？

生：先有单位后有工具。

师：先有单位，根据单位来制造工具，我们要对对象的属性做出描述，于是针对这个属性我们规定了单位，根据这个单位我们制造了工具，用这个工具度量出了对象。

师：这个过程明白了吗？首先我们需要对物体的属性做一个描述，然后为了描述，规定了单位，有了单位才能做工具。

环节四 拓展延伸，渗透数学文化

1. 课本之外的度量

教师将板书中部分内容擦去。

师：同学们，现在我把这个表格里的内容擦掉一些——把我们特别容易记牢的擦掉，把最不容易记住的留着。现在问题又来了，我们在书上学了这么多的度量，那请问书本外面你知道哪些度量？

生1：千瓦时。

师：千瓦时是单位。

生1：工具是电表，对象是电，属性是电量的多少。

生2：牛顿。

生3：安培。

师：安培也是电。

生4：克每立方厘米。

师：物体的密度。

生5：瓦特。

生6：光年。

师：长度单位。

生7：焦耳。

师：这些单位很多来自我们的物理学，在离开了我们的书本后，会有很多的单位以及相应的工具来度量一个特定对象的属性。

2. 交流感受

师：同学们，我们的课复习到这个时候你有没有什么感受想跟大家分享的？

生1：有非常多的惊讶。

生2：这个世界由非常多的单位构成。

生3：我们需要留心观察生活中一些细节，不然有些单位就容易忘记。

师：这些感受当中哪一个感受你特别愿意承认它？

生4：我们生活中有许多的单位，我们只需要留心观察，就不容易遗忘。

师：这世界都在做一件什么事情？

生：（齐答）度量。

师：你们看，我们人一直在做的一件事情就是度量，看到一个对象，我们就会想办法去度量它。有的度量我们变成知识在学，有的度量变成生活中的一部分，让我们忘记它是一个知识。

3. 探究属性是否存在无法度量的情况

师：课上到这里，老师想问大家一个问题，就是我们人总是在做这件事情，要对某一个对象的属性做出我们的描述，那这个世界上有没有存在一个对象，这个对象的属性是我们无法度量的？

生1：会有。

师：他认为会有，你认为呢？

生2：我也认为会有，目前宇宙的大小是不能度量的。

师：宇宙的大小是不能度量还是度量不出？

生：度量不出。

师：那能不能度量？

生：能。

师：就像数字，数字有没有最大的那个数字？

生：没有。

师：无限的对不对？但是这个数字有没有呢？

生：有。

师：但我们能度量出来吗？

生：不能。

师：但能不能度量呢？

生：能。

师：所以宇宙有大小，大小一定是可以用体积单位来度量的，而且可以规定更大的体积单位，所以宇宙的长度用的是什么单位？

生：光年。

师：那宇宙的大小是不是可以用立方光年？

师：能度量和度量不出的差别，有体会没有？

师：度量不出不等于不能度量，这样思考我们就很有逻辑性了。

师：还有吗？

生3：我认为人的思想是不能度量的，思想只能进行比较，比如是活跃的还是不活跃的，无法进行度量。(教师板书：思想。)

师：我们把思想作为对象的时候，思想的什么属性是不能度量的？你说。(学生不能回答。)

生4：一条直线是没办法度量的。

师：直线是度量不出还是不能度量？

生：度量不出。

师：长度都能度量，只要用无限大的数字去对应无限长的绳子就可以。

生5：全宇宙有多少沙子。

师：这能不能度量？

生：能。

师：这是能度量的，只是你要有功夫去数。如果你用无穷的生命去对应无穷的沙子的粒数，那一定是能数出来的。

师：我发现我们在思考这个问题的时候，通常会把无限归为不能度量。比如说一个人是能度量的，但无限个人能不能度量？也是可以的，用无限的数字去对应无限的人就可以了。一个房间的大小能度量，那无数个房间的大小能度量吗？

生：能。

师：用无数的数字对应无数的房间的大小就可以了。

师：那我们回到这里，到目前为止好像就一个“思想”在这个地方，请问思想的什么不能度量？他一直没想明白，觉得人是有思想的，思想能度量吗？思想有什么属性啊？

生6：思想的大小不能度量。

生7：思想的长度也不能度量。

师：同学们，你们觉得思想的大小能度量吗？

生8：我觉得是无法度量的，思想随着年龄变化会发生变化，思想就是我们脑子里想的，所以它不是一个具体的物体，无法度量。

师：老师来发表一下自己的想法。我是数学老师，你猜我倾向于能度量还是不能度量？

学生七嘴八舌，意见不统一。

师：如果能度量，我会怎么来测量思想的大小和思想的长度？

师：我们看这个思想有多少人信它。思想越伟大，说明信的人越多。这个时候工具就变成人数，这个时候人数就变成了工具。

师：一个思想两个人信，一个思想四个人信，哪个思想更伟大？

生：四个人信的。

师：我们再来看，思想越伟大是不是流传的时间越久？如果这个思想一天后就没有人想起来了，这个思想一年后都还有人在想，哪个思想更伟大？

生：一年的更伟大。

师：你看孔子的思想流传了两千多年了，共产党的思想流传了一百多年了。这个时候我们是用什么来度量思想的？

生：时间。

师：我们用时间来作为思想的度量工具，我们就对思想的伟大进行了一个度量。

环节五　课堂小结，总结提升

师：同学们，今天我们上了一节什么课？

生：复习课。

生 1：生活中处处都有单位。

生 2：要从不同的角度和用不同的方法去看问题。

生 3：温故知新，我们今天虽然是整理了之前学习的知识，但也有了新收获。

师：我们今天都在做度量的事情，我们发现在六年的学习里有关度量的知识多不多？

生：多。

师：离开了书本知识，发现书本外面的度量也很多，这个世界上很多东西都是能度量的，我想给今天这堂课取个名字，叫度量天下。(在原先“度量”的基础上板书“天下”，见下图。)

师：知识很了不起，我们人也很了不起，我们为什么要度量天下？这个问题留给大家思考。

理论与实践：教学改进的 DNA 双螺旋

这本书是我和俞特的一个约定。

十多年前，俞特开始《种子课》的构思与写作，这期间，我们有过许多交流。每每交流之后，我们都从心底生出一个愿望，那就是一起写一本书，把我们交流的这些想法固定下来、深化下去。但这个愿望一直以来都只是个愿望，没能成书。看俞特的课，跟俞特的交流所形成的一些想法，只零星地反映在我的一些学术文章中，如《带领学生进入历史："两次倒转"教学机制的理论意义》《如何理解"深度学习"》等，但跟俞特的学术交往，为我观察、思考课堂教学提供了可靠而坚实的基础。

现在，这个愿望终于成为现实。2020 年，由于疫情，我们各自的工作节奏都慢了下来，有了相对完整的时间可以写作，同时，也因为深度学习的"热火朝天"，需要有人去认真梳理一下。在我们看来，种子课是最能体现深度学习思想的。因此，原本一直放在心里的那个愿望开始变成写作的推动力。2020 年寒假，我们启动了网络笔谈。俞特发一节视频、一篇说课，我就看一节课、评一节课，节奏稳定流畅，无丝毫滞涩之感，就像面对面谈话一样，有呼应有启发，酣畅淋漓。

这本书叫作"种子课 3.0"，是俞特思考小学数学教学的又一部重要著作。我则有幸借俞特的课和思考来促发我认真思考深度学习的教学原理。

老师们有关深度学习的问题有很多，提的最多的有三个，即："深度学习究竟深在哪里?""多深才算深?""教学的深度学习与心理学、机器学习所说的深度学习有什么不同?"我把这三个问题戏称为深度学习的"灵魂三问"。

这三个问题是深度学习从理论走向实践必然会有的问题。在没有深刻地理解它的时候，望文生义，是人们通常的做法。因此，看到深度学习必然要问深在哪里，究竟有多深，把它看作一种新的模式。

事实上，深度学习并不是一种新的教学模式，提出深度学习也不是为了与众不同、标新立异。深度学习的提出，是针对学生不动脑不用心的被动的"浅层"学习的，因此，深度学习的核心主张就是要让学生真正发生学习。所谓真正发生了学习，就是学生作为一个活生生的学习主体，在动手动脑动心动情地学习，是真正在学习，而不是在装装样子，心神不属。

深度学习与浅层学习一样，只是一种隐喻，是一个相对的说法。即便学的内容再深再难，如果学生没有思考没有用心，那也是浅层学习；即便学的内容很浅很简单，但学生真正用心动情地学习了，深刻地领会了所学知识以及学习过程的意义，有了感悟、进步，这也就是深度学习了。

学生的成长是一个漫长的过程，并不在一朝一夕间就发生突变；教学也是一个长时段的整体活动，既要依据知识的学科逻辑，也要依据学生成长的心理逻辑，通过对内容及其活动的精心组织、有序的整体安排来推进学生的整体学习。因此，深度学习要有长程的眼光，要结合学生发展和学科内容来整体把握。该深则深该浅则浅，并不一味追求"深"，也并不平均使用力量，而是要在恰当的节点、以最恰当的方式引导学生学习。从知识的系统性来看，甚至可以"放任"学生"不求甚解"，让学生在长程的学习中体会思索思虑的知识的"痛快"，体会知识的内在关联、奥秘和美，感受知识发现的困苦、解决问题时的苦思以及解决问题后的巨大喜悦。著名数学家陈省身讲到他进入南开大学前学习数学的一段经历时提到："在很长的一段时间内，'圆锥曲线的焦点'这一概念令我大伤脑筋，直到几年后学了射影几何学我才茅塞顿开。"如果没有先前的"大伤脑筋"，就不会有"茅塞顿开"的喜悦和豁朗。俞特对分数的"量率问题"的处理，则从学生学习的"序"入手，特别强调"初步认识"只讲"量"，"再认识"时才讲"率"，这样，就很好地解决了学生学习分数的"量率难分"问题，将学生学习的"难点"和"痛点"化于无形，学生能够愉快地、彻底地、动情用心用脑地去学习。这也正是教学中的深度学习与心理学的、机器的深度学习的根本区别。

深度学习，并不神秘，非常朴素，就是指教学中学生的动脑动心的学习。引导学生发生深度学习，也没有什么秘籍，就是真心地把学生放在心上，老老实实地按照教学规律来。深度学习没有什么固定的套路、模式，也没有什么"灵丹妙药"可以立时见效，要踏踏实实地按照教学本来应该的样子认真去做。

在那些优秀的教学实践中，学生的学习就是深度学习。

俞特的种子课是深度学习最直观最生动的典型案例，种子课，既体现其在学科知识结构中的重要地位，也指其在学生的生长中所具有的像种子一样的根基地位。教师是这个中介，能把学科的种子变为学生生长的种子。

本书谈到的十个课例就是这样的典型。

俞特选这十节课是经过深思熟虑的。这十节课所讨论的问题，既是一线数学老师最关心的关键问题，也是各科老师都关心的普遍问题。例如，如何整体分析内容的"轻重缓急"；如何选择、改造学生的经验；复习课怎么上出新授课的味道来；如何通过内容的组织和安排激发学生的深度思考；如何让学生感受到知识的内在奥秘；等等。

俞特的课，既有宏观的整体视野，能够把握整体内容，分得清轻重缓急，并非平均使用力量、等量齐观，而是区别对待，好钢用在刀刃上；又有微观的具体活动策略，能够打通学生进入知识联通广阔世界的通道，让每一次教学都成为学生有意义的生命旅程。俞特的课，清爽、智慧：在俞特的课上，学生是聪明的，知识是不难的，不是教师教给学生的，而是学生自己想出来的。所以，俞特喜欢上课，学生喜欢上他的课，年轻老师喜欢从他的课上获得开窍的灵感。

俞特的课上得好，是因为他有自觉观照实践的理论眼光与理论思维。我有幸与他一起讨论、笔谈，让我能够从实践中看出理论之光，帮助我看懂实践、弄通理论。事实上，深度学习的理论也是这样，只是把以往一切优秀的理论研究成果及教学实践成果自觉地、集中地提出来，自觉地把它放大，成为老师们自觉观察、反思自己和他人教学的参照点，成为改进自己教学的自觉理论。

如果这本书能够让更多的老师自觉学习理论、观照实践，拥有自觉观察实践的眼睛，拥有对教学实践自觉思考的理论头脑，那是再好不过了。这样，教学改进必会自觉，教学质量的提升会水到渠成，学生会愉快健康地成长，教学规律也会揭开面纱，向我们展现它简洁而美丽的容貌。

郭华

2021 年 11 月 1 日，于北京